신성한 나무

아메리카 인디언의 영성 생활 지침

신성한 나무

2005년 12월 24일 초판 1쇄 발행. 필 레인 주니어 등이 쓰고, 이현주가 옮겼습니다. 이홍용과 이평화가 기획 편집하여 펴냈으며, 송승용이 마케팅을 합니다. 표지 및 본문 디자인은 한수원이 하였습니다. 제판은 푸른 서울, 인쇄 및 제본은 영신사에서 하였습니다. 출판사 등록일 및 등록번호는 2003. 2. 6. 제10-2567호이고, 주소는 121-837 서울시 마포구 서교동 339-4 가나빌딩 4층, 전화는 (02) 3143-6360~1, 팩스는 (02) 338-6360, E-MAIL은 shanti@shantibooks.com입니다. 이 책의 ISBN은 89-91075-24-X 03110이고, 정가는 8,500원입니다.

신성한 나무

아메리카 인디언의 영성 생활 지침

필 레인 주니어 외 지음 | 제인 구달 서문
이현주 옮김

【샨티】

그들의 전망, 꿈, 기도, 노래, 지혜, 경험 그리고 친절한 안내로 '신성한 나무'를 오늘도 살아있게 하는, '어머니 땅' 곳곳의 헤아릴 수 없이 많은 원주민 부족과 종족과 민족 들에게 이 책을 바칩니다.

이 책은 아메리카 원주민들이 주축을 이룬 '포 월드 국제연구원'에서 아메리카 대륙과 전세계 원주민들을 위한 영성 생활 지침서로 만든 것이다. 부족의 어르신들이 세계 전역에 살고 있는 원주민들에게 조상의 가치와 전통들을 가르쳐, 그들로 하여금 자기 발전을 위한 길에 나설 수 있도록 힘을 북돋아주고 있다. 전통적인 가치 체계를 회복함으로써 원주민 사회가 변화될 것이라고 어르신들은 예언했다. 그리고 그 변화는 나아가 전체 지구별을 치유하는 데 영향을 미칠 것이다.

'포 월드 국제연구원'은 원주민 사회에 널리 퍼져 있는 알코올과 약물 남용을 근절시키는 일에 이 지침서를 활용하고 있다. 개인적 성장을 염원하는 인류 가족 식구들에게 처음으로 그 내용을 공개하여 나누게 되었다.

차례

머리말

　이 책 《신성한 나무》를 출판한 포 월드(사방 세계) 국제연구원 Four Worlds International Institute for Human and Community Development의 지혜와 미래를 내다보는 통찰력에 찬사를 보낸다. 아울러 머리말을 청탁받은 데 대하여 영광스럽게 생각한다.

　지난 수년간 나는 세계 여러 곳의 원주민들과 함께 일해 왔다. '어머니 땅'에 대한 존경과 이 행성에서 살아가는 모든 생명체들에 대한 존경에 바탕을 둔 그들의 오래된 철학은 나의 인생 철학이기도 하다.

　나는 영국에서 성장했는데 아주 특별한 나무 한 그루와 많은 시간을 함께 보냈다. 사람들에게 너도밤나무로 알려져 있는 그 나무 가지들을 올려다보면서 나는 글을 썼다. 몇 시간이고 나무 위에 올라가 새들과 구름과 바람을 가까이 느끼기도 했다. 숙제를 하러 책을 가지고 나무 위로 올라간 때도 있었고, 그냥 생각과 꿈만 가지고 올라간 때도 있었다. 거기서 나는 자연에 대한 존경과 사랑을 배웠다. 거기서 나는 언제고 아프리카에 가리라는 꿈을 꾸었다.

수년 뒤, 꿈이 현실로 바뀌어, 곰베 국립공원 숲에서 나는 침팬지들을 연구하게 되었고, 그곳에 살며 자연의 심장부에 가까이 다가갈 수 있었다. 자연의 일부가 되어 별들과 바람과 비와 소용돌이치며 흐르는 계곡과 한 몸이 되었다. 거기서 나는 살랑거리고 펄떡거리고 겅중거리고 날아다니고 달음박질하는 온갖 짐승들과 내가 한 가족임을 배웠고, 침팬지들의 으르렁거리는 소리를, 새벽을 맞고 하루해를 잘 보내고 나서 나누는 밤 인사말로 알아들을 수 있게 되었다.

한 깊은 계곡에 들어갔을 때 나는 매우 영적인 장소, 24미터쯤 되는 높은 바위 벼랑에서 떨어져 내리는 폭포를 발견하였는데, 멀리서도 폭포수 떨어지는 소리가 들렸다. 나는 그 장소가 오랜 옛날 그곳에 살던 원주민들에게 신성한 곳이었음을 알고 있다. 그 지역이 국립공원으로 지정되기 전, 영적 지도자들이 2, 3년마다 찾아가서 의식儀式을 치르던 곳이었다. 그들 가운데 몇은 아직 살아있고, 나는 그들에게 영이 부를 때 다시 돌아오라고 초대하였다.

바로 이 신비스런 장소에서 침팬지들의 영감에 찬 '폭포 댄스'를 구경할 수 있다. 내가 만난 남아프리카의 한 샤먼은 침팬지라는 말이 앙골라 토착인들이 쓰던 말이고 뜻은 '먼저(앞서) 간 사람들'이라고 설명해 주었다. 어쩌면 그들은 곰베 숲에 인간들이 발을 들여놓기까지 수천 년간 거기서 춤을 추었을 것이다.

백만 년쯤 전, 어머니 땅에 흩어져 살면서 두 발로 걷고 연장을 사용하고 짐승을 잡아 그 가죽으로 몸을 따뜻하게 하고 불을 피워 요리하는 방법을 배우기 시작했을 때, 우리 선조들은 자연과 조화를 이루며 살았다. 원시 시대 사람들은 어머니 땅과 어머니 땅이 넉넉하게 마련해 주는 자연의 소산들을 존중할 줄 알았다. 필요한 것 이상을 탐욕스럽게 취하지 않았다. 그런데 슬프게도 현대인의 이기적이고 낭비적인 생활 양식은 어머니 땅을 파멸시키고 있는 중이다. 무분별한 물 사용은 지하 수면을 낮추었고, 무제한의 화석 연료 사용은 대기를 오염시키고 오존층에 구멍을 내었으며 지속적이면서 가차없는 지구 온난화를 초래하였다. 살충제, 제초제, 살균제, 화학 비료를 생각 없이 함부로 사용하여 어머니 땅을 중독시키면서 수백만 년 동안 이 땅에 형성되어 온 생태계를 파괴시키고 있다.

　　오늘 이 지구상에 남아 있는 원주민들 가운데는 수세기 동안 혹독한 억압과 대량 학살에도 불구하고 조상의 유산과 전통을 이어받아 모든 생명의 상호 연대에 관한 신성한 지식을 지켜온 영적 지도자들, 남녀 주술사들, 족장들과 어른들이 있다.

　　어머니 땅을 약탈하는 일을 당장에 그만두지 않으면 오늘 우리가 누리고 있는 삶이 더 이상 지속될 수 없으리라는 것을 그들은 안다. 그들 가운데 몇 사람을 나는 영적 형제 자매로 존중하고 있으며 인생의 동반자로 여기고 있다. 우리의 심장은 같은 곡조로

두근거린다. 그들이 그렇듯이 나도, 인간에게 짓밟히는 숲과 초원과 늪지, 성스러운 산맥을 파헤치는 광산의 부서진 바위들, 말라 버린 계곡과 바닥 드러난 강, 숨막히는 대기의 울부짖는 소리를 듣는다. 네 발로 걷고 날개로 날고 지느러미로 헤엄치는 형과 아우와 누이의 고통을 몸으로 느낀다. 많은 생물 종種이 살아남기 위해 몸부림치고 있으며, 벌써 영원히 사라진 종도 수없이 많다.

《신성한 나무》는 오늘의 젊은이와 늙은이 모두에게 살아가는 동안 더 나은 선택을 할 수 있도록, 너무 늦기 전에 지구별의 건강을 회복하는 길로 들어설 수 있도록 도와줄 것이다. 내가 몸담고 있는 '제인 구달 연구소'는 '뿌리와 새싹Roots & Shoots 운동'을 통하여 이 세계를 모든 생명 있는 존재들이 함께 살아가는 좀더 좋은 장소로 만드는 일에 조직적으로 참여할 기회를 젊은이들에게 제공하려 노력하는데, 포 월드 국제연구원을 든든한 파트너로 삼고 있다. 현대 서방 세계를 살아가는 우리로서는 이 매력 넘치는 책에 담겨 있는 원주민의 지혜로부터 배울 것이 참으로 많다.

— 제인 구달(유엔 평화 사절,《침팬지들과 함께 한 나의 일생》저자)

옮긴이의 말

　1982년 12월 마지막 주간, 캐나다 앨버타 고원 지대에 위치한 인디언 보류지에서 북미 대륙에 흩어져 있는 아메리카 원주민 대표 40여 명이 알코올, 마약, 빈곤으로 빚어진 인디언 사회의 황폐화와 갈수록 커지는 부족들의 무력감 문제를 해소하기 위해 집회를 가졌다. 각 공동체의 지도자들과 원로들로 구성된 참석자들은 '포 월드 국제연구원'을 설립하고, 아래 네 가지 기본 원리를 바탕으로 부족 공동체들의 건강과 힘을 회복하기 위한 계획을 마련하기로 했다.

　1. 발전은 안에서부터 온다. 바깥 사람들로부터 도움과 협조를 얻을 수는 있을 것이다. 그러나 변화, 치유, 학습, 성장, 진보를 추진하는 힘은 공동체 안에서 나와야 한다.
　2. 전망 없이는 발전도 없다. 사람들은 건강하고 행복한 삶을 자기네 세상에서 실현하기 위하여 그것을 미리 내다볼 수 있어야 한다.
　3. 개인의 변화와 공동체의 변화가 함께 이루어져야 한다.

4. 변화를 깊게 지속적으로 유지하는 데는 통전적統全的 학습이 열쇠다. 사람들은 죽음이 아니라 생명을 지향하여 살아가는 방법을 배울 필요가 있다.

이와 같은 네 가지 원리는 당연히, 인디언 원로들이 선조로부터 물려받은 세계관에 그 뿌리를 둔다. 그들의 세계관을 요약하면 이렇다.

1. 생명체의 영적인 얼굴aspect과 육적인 얼굴은 따로 분리될 수 없으며 상호 의존적이다.
2. 우주 안에서 모든 것이 모든 것에 연결되어 있다.
3. 우리 자신과 공동체와 나라와 어머니 땅을 치유하는 일은 우리가 누군지를 제대로 이해하는 능력에 달려 있다.
4. 사람 안에는 조물주가 선물로 준, 세계를 바꾸고 치유할 능력이 잠재되어 있다.

이 모임을 주선했고 현재 '포 월드 국제연구원'의 실무를 총괄하고 있는 코디네이터 필 레인 주니어Phil Lane Jr.는 할아버지한테서 들은 이 한마디 말을 잊지 못한다.

"얘야, 네가 살면서 걸어야 할 가장 먼 길은 네 머리에서 네 가슴으로 가는 성스러운 여정이란다. 그리고 우리 앞에 벌어지는 절박한 문제들을 머리만으로는 절대 풀 수 없단다. 머리로 한 문제를 풀면 열 문제가 생기거든.”

가슴이 머리를 뒤따르며 보조해 주던 세계는 저물어가고, 이성이 감성을 뒤따르며 조절해 주는 새로운 세계가 밝아오고 있다. 이는 남성적 문화가 여성적 문화로 옮겨가는 것과 통하는 현상이다.

“머리에서 가슴으로.”

이 말을, 합리적인 삶을 버리고 감정에 따라서 살라는 말로 알아들으면 큰 오해다. 위에서 말한 ‘가슴’은 변덕스럽기 짝이 없는 사람의 감정들이 군림하는 장소가 아니다. 거기는 너와 나의 분별로 어지럽혀지지 않은 사람의 속마음이 숨어 있는 지성소다.

그 동안 백인들이 주동을 이루어 만든 합리적 과학 문명 세계를 배척할 필요는 없다. 그러나 이제 인류는 그것이 토해 놓은 온갖 오물과 쓰레기를 청소하고 무엇보다도 병들어 지친 어머니 땅의 건강을 회복해야 하는 절박한 과제를 안게 되었다. 성경에, 사람들이 버린 돌을 하느님이 당신 집 주춧돌로 삼는다는 말이 있는데, 바야흐로 백인들에 의해 억압받고 추방되었던 지구 곳곳의 원주민들이 병든 세계의 치유를 담당코자 일어서는 중이다.

이 책은 자기 탐색과 인격의 성숙을 돕기 위하여 ‘포 월드 국제연구원’이 만든 교재다. 학습 목적은 자기 안에 잠재되어 있는 능력을 발굴하여 본인과 다른 사람들의 성장, 발전에 그 힘을 쓰도록 하는 데 있다. 처음에는 알코올과 마약에 중독된 이들을 치료하여 공동체로 돌려보내는 데 초점을 맞추었다가 차츰 일반인의 성장과 성숙을 위한 프로젝트로 발전되었다. 그래서 중·고등학교 학생들을 위한 교재로 만들어진 《신성한 나무》가 일반 도서관에서 많은 사람의 눈길을 끌게 된 것이다.

이 책에는, 오랜 세월 북미 원주민들 사회에서 전해 내려온, 자연과 인생의 목적과 가능성에 관련된 보편적 개념들과 가르침들이 아름다운 그림과 함께 설명되어 있다. 특히, 이 책에 소개된 주술 바퀴the medicine wheel는 사람이란 어떤 존재인지 그리고 어떤 존재로 성숙해야 하는지를 상징적으로 보여주는 거울과 같다.

'원주민'은 아메리카 대륙에만 있지 않다. 현란한 문명 속에서 정신을 잃어가는 오늘의 한국 젊은이들 속에도 세계를 하나로 응시하는 지혜와 불가능해 보이는 일에 온몸을 던지는 용기가 분명히 잠재되어 있다. 그들 속에서 그 동안 질식되어 있던 원주민의 놀라운 잠재력이 되살아날 때 우리는 새로운 세계, 더 이상 경쟁과 다툼으로 얼룩지지 않는 참 평화의 세계를 눈앞에 볼 수 있을 것이다.

2005년 겨울

이현주

"그때 나는 모든 산들 가운데 가장 높은 산 위에 섰고, 온 세상이 둥글게 산 아래로 펼쳐져 있었다. 거기 서 있는 동안, 말로 표현할 수 있는 것보다 더 많은 것을 보았고, 눈으로 본 것보다 더 많은 것을 알게 되었다. 성스러운 방식으로 영靈 안에 있는 모든 사물을 보았고, 그것들이 한 존재로 살아가는 모습을 보았던 것이다. 나는 또 내 동족들이, 낮빛처럼 별빛처럼 드넓은 하나의 원圓을 이룬 여러 종족들 가운데 하나임을 보았고, 그 원 중심에 꽃이 만발한 나무가 한 그루 서 있어 한 어머니와 한 아버지의 모든 자녀들에게 그늘을 드리우는 것을 보았다. 나는 그것이 신성한 나무임을 알아보았다."

— 검은 사슴(존 G. 니하트 진술,《검은 사슴 말하다》)

1. 신성한 나무 이야기

지구 위에 사는 모든 사람들을 위하여 조물주는 한 그루 '신성한 나무'를 심고, 그 나무 아래에서 힘과 지혜를 얻고 치료받고 보호받을 수 있도록 하였다. 이 나무 뿌리는 어머니 땅 속으로 깊이 뻗어 내려가고, 가지들은 기도하는 손처럼 아버지 하늘로 올라간다. 이 나무 열매들은 조물주가 사람들에게 주는 온갖 좋은 것들 — 사랑, 자비, 관용, 인내, 지혜, 정의, 용기, 존중, 겸손으로 가는 길을 일러주는 가르침들이요, 다른 여러 가지 놀라운 선물들이다.

옛날 선조들은 우리에게 그 나무의 생명이 곧 사람들의 생명이라고 가르쳤다. 보호해 주는 그늘을 벗어나 사람들이 멀리 헤매고 다니면, 그 나무의 열매에서 자양분 찾기를 망각하면, 그 나무를 등지고 오히려 그것을 파멸코자 하면, 커다란 슬픔이 그들을 덮칠 것이다. 많은 사람이 가슴을 앓을 것이다. 사람들은 자기 힘을 잃고 더 이상 꿈꾸지 않을 것이며 환상을 보지도 못할 것이다. 쓸데없는 사소한 일로 말다툼을 일삼고 진실을 말할 수 없게 될 것이며, 서로 정직하게 대하지도 못할 것이다. 자기네 땅에서 살아남는 방법을 잊고서 분노와 우울로 가득 찬 삶을 살게 될 것이다. 차츰차츰 그들 자신과 그들의 손이 닿는 모든 것을 독毒으로 망가뜨릴 것이다.

오랜 예언에 이르기를, 이 모든 일들이 닥쳤다가 사라져도 그 나무는 결코 죽지 않을 것이며 나무가 살아있는 한 사람들도 산다고 하였다. 또한 사람들이 깊고 오랜 잠에서 깨어나듯 깨어나서 처음에는 머뭇거리다가 이내 활기를 띠며 '신성한 나무' 를 다시 찾기 시작하는, 그런 날이 올 것이라고 하였다.

그 나무 있는 곳과, 가지에 주렁주렁 달린 열매들에 관한 지식은 우리네 슬기로운 어르신들과 지도자들의 머리와 가슴에 조심스레 보관되어 있다. 우리를 보호해 주는 '신성한 나무' 의 그늘을 정직하고 진지하게 찾아나선 모든 사람을, 이들 겸손하고 사랑이 가득하고 헌신적인 영혼들이 안내할 것이다.

2. 신성한 나무를 찾아 떠나기 전에

상징 없이 사는 것은 의미를 모른 채 사는 것이다

　상징은 의미를 표현하고 대신한다. 의미는 인생에 목표를
세우고 인생을 이해하는 데 도움을 준다. 상징 없이 사는 것
은 인생을 그 충만한 의미를 모른 채 경험하는 것이다. 의미
를 표현하고 대신하는 방법에는 수학, 말과 글로 표현된 언
어, 예술 작품 등으로 이루어진 상징 체계들이 포함된다.

주술 바퀴를 통해 보이지 않는 것들을 본다

주술呪術 바퀴the medicine wheel는 거의 모든 남북 아메리카 원주민들에 의하여 사용되고 있는 오래된 상징이다. 이 기본 개념을 표현하는 데는 여러 가지 다른 방식이 있다. 넷이라는 수를 설정함으로써 네 조상들, 네 요소(四大), 네 방향, 그밖에도 많은 관계들이 표현될 수 있다. 보통 방법으로는 잘 보이지 않는 것(예컨대, 등뒤나 모서리 너머)을 보는 데 거울이 사용되듯이, 물건이 아니라 생각이기 때문에 쉽게 보거나 이해할 수 없는 것들을 보고 이해할 수 있도록 우리를 돕는 데 주술 바퀴가 사용된다.

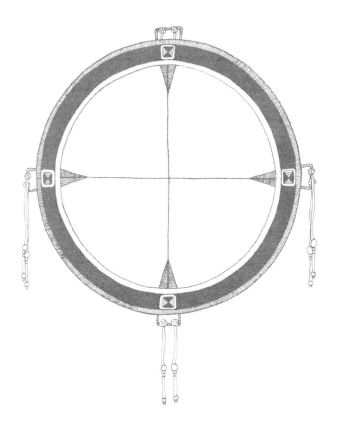

주술 바퀴는 네 가지 인종이 모두 같은 인류 가족의 구성원임을 우리에게 가르친다. 모두가 같은 어머니 땅에 살고 있는 형제요 자매들인 것이다.

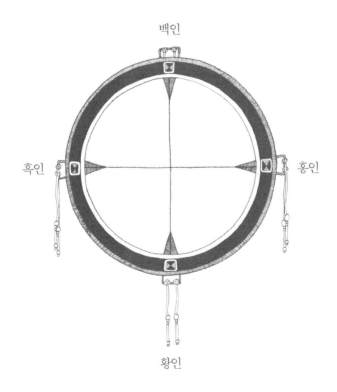

백인

흑인

홍인

황인

주술 바퀴는 네 가지 요소들이 서로 다르고 저마다 제 힘을 지니지만 모두가 물질 세계의 부분임을 우리에게 가르친다. 이 네 가지 요소로부터 생명을 선물로 받은 인간은 마땅히 그것들을 똑같이 존중해야 한다.

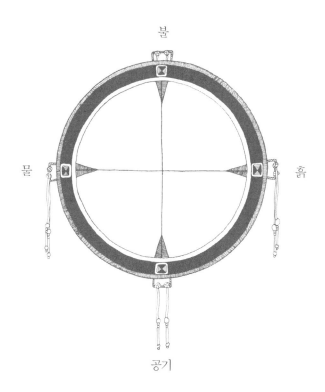

불

물

흙

공기

주술 바퀴는 우리의 본성에 네 얼굴aspect이 있음을 가르친다. 육체의 얼굴, 정신의 얼굴, 정서의 얼굴 그리고 영의 얼굴이 그것이다. 의지를 세우고 사용함으로써, 건강하고 균형이 잘 잡힌 개인 안에서 이 네 얼굴이 고르게 발전되어야 한다.

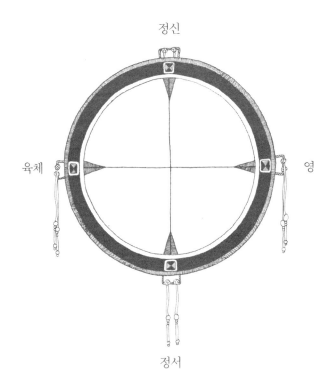

씨앗 속에 나무가 있다

씨앗 안에는 큰 나무 한 그루가 들어 있다. 우리 본성의 네 얼굴(육체, 정신, 정서, 영의 얼굴)은 씨앗과 같다. 그것들은 저마다 굉장한 선물로 자라날 가능성을 지니고 있다.

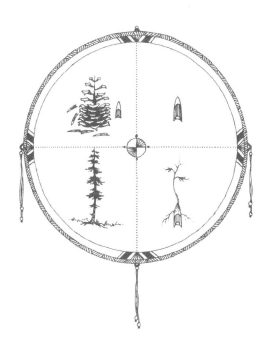

의지는 씨앗을 키우는 최초의 힘이다

우리는 자신의 네 얼굴을 발전시키기 위하여 의지를 사용할 수 있다. 의지는 우리로 하여금 결단을 내리고 그것을 실천하도록 도와줄 힘이 있다. 아래 다섯 단계를 밟아서 우리는 의지를 실천하는 법을 배울 수 있다.

1. 마음 모으기(주의 집중)
2. 목표 세우기
3. 행동 개시
4. 끈기 있게 계속하기
5. 마무리 완성

의지는 우리의 가능성을 개발하는 데 가장 먼저 작용하는 힘이기에 주술 바퀴 중앙에 위치한다.

가능성을 내다봄으로써 우리는 그쪽으로 나아간다

우리는 어르신들과 '신성한 나무'의 가르침을 받아, 우리 속에 어떤 가능성이 잠재되어 있는지를 내다볼 수 있다. 그렇게 내다본 것을 향해 살고, 자기가 존경하는 이들처럼 되려고 노력하는 가운데 우리는 성장하고 발전한다. 우리가 무엇으로 될 수 있을지를 내다봄은 우리를 그리로 끌어당기는 강력한 자석과도 같다.

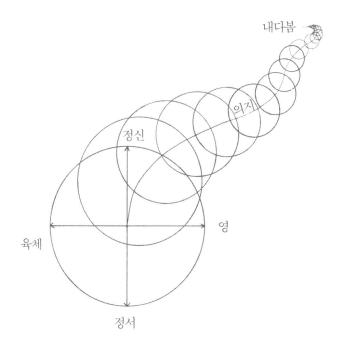

모든 사람은 성장하고 진화한다

모든 사람은 성장하고 변화할 능력을 지니고 있다. 자기가 무엇으로 될 수 있겠는지를 내다보고, 그 내다본 바 행복하고 건강한 사람으로 가까이 갈 수 있도록 의지력을 발휘하여 자신의 행동과 태도를 바꾸어나갈 때, 우리의 네 얼굴(육체, 정신, 정서, 영의 얼굴)은 진화할 수 있다.

한 사람의 정체성identity은 아래의 것들로 이루어진다.

몸 알아차림: 당신은 당신 육체의 현존을 어떻게 경험하는가.

자아관: 당신 자신과 당신의 가능성에 대하여 어떻게 생각하는가.

자기 존중: 당신 자신과, 성장하고 변화될 당신의 능력에 대하여 어떻게 느끼는가.

자기 결단: 자기 속에 잠재된 육체, 정신, 정서, 영의 가능성들을 실현하기 위하여 의지력을 발휘함.

가치를 부여함으로써 에너지를 만들어낸다

어떤 것에 가치를 매김으로써 사람들은 자신의 에너지를 만들고 그것을 사용한다. 자기 자신에게 매기는 가치와 다른 사람들에게 매기는 가치 사이에 균형이 이루어지지 않으면, 사람으로서 지닌 바 참된 가능성을 제대로 발전시켜 나아가지 못한다. 실로, 균형이 깨어진 곳에서는 개인과 사회가 함께 고통을 겪게 되고 죽는 수도 있다.

신성한 나무의 가르침들

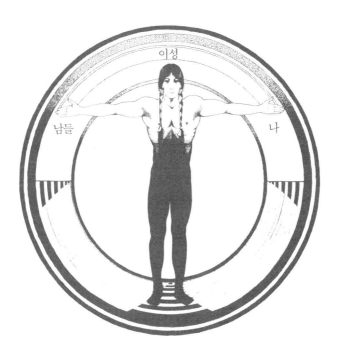

3. 신성한 나무의 상징들

'신성한 나무' 같은 상징들은 의미를 표현하고 대신한다. 의미는 인생에 목표를 세우고 인생을 이해하는 데 도움을 준다. 상징들은 원시인이 살았던 동굴 벽에서 발견되고, 인생의 의미를 이해하려는 우리를 까마득한 시공 너머로 안내한다. 상징들은 천지 창조의 알려지지 않은 안개에서 홀연 그 모습을 드러냄으로써 생명의 본질에 대한 새로운 이해를 가져다준다. 그리하여 끊임없이 흘러가는 인생에 대하여 갈수록 깨어 있게 하고, 날마다 떠오르는 해에 의미를, 날마다 지는 해에 더 많은 의미를 부여한다.

　의미는 개인이나 공동체의 건강과 행복한 삶을 위하여 중요한 것이다. 한 공동체가 지니고 있는 상징들은, 그것을 믿고 살아가는 사람들의 삶과 함께 그 공동체가 얼마나 건강하고 활기 넘친 공동체인지를 그대로 보여준다. 상징 없이 사는 것은 인간의 무한한 능력을 묻어둔 채 살아가는 것과 같다. 그러기에 생명의 모든 재생rebirth도 인생의 목적도 그 상징들의 소생revitalization과 더불어 이루어진다.

신성한 나무는 하나의 상징이다

생명을 주는 의미의 상징으로서 '신성한 나무'는 원주민들에게 매우 중요했다. 오랜 세월, 많은 민족과 부족에게 의미와 영감을 불어넣은 '신성한 나무'는 뭇 생명과 종교, 신념, 민족들이 유기적으로 그 둘레를 감싸고 있는 하나의 상징이다. 그것은 성찰하는 사람에게 살아있는 동안 충분한 의미를 제공할 수 있을 만큼 심오한 깊이를 지닌 상징이다.

'신성한 나무'는 생명, 시간의 순환, 땅, 우주를 상징한다. '신성한 나무'가 지닌 의미들은 주술 바퀴의 가르침을 반영한다. 주술 바퀴의 중심은 창조된 세계와 부족의 상징적 중심이다. 태양 춤sun dance을 출 때 부르는 '신성한 나무'를 위한 노래에 그 의미가 반영되어 있다.

성스러운 길에서, 나를 둘러싼 부족을 바라보며
그들이 함께 바라보는 땅의 중심에 나는 지금 서 있다네.
― 존 F. 레임디어(절름발이 사슴)

신성한 나무에는 네 가지 큰 의미가 있다

'신성한 나무'가 지닌 의미들은 네 가지 중요한 범주에 담겨 있는데, 이 범주들은 태어나면서부터 전체 창조물(우주)과 합일unity되는 데로 향해 나아가는 인간 진화의 순환 과정에서 이루어지는 운동들로 그려 보일 수 있다. '신성한 나무'의 네 가지 큰 의미는 이것이다.

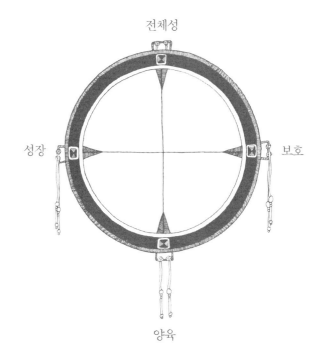

전체성

성장　　　　　　　　보호

양육

이제 우리는 '신성한 나무'의 주술 바퀴가 지닌 네 가지 큰 의미들을 좀더 잘 이해하기 위해 길을 떠나기로 하자.

신성한 나무는 보호를 상징한다

'신성한 나무'는 보호protection를 상징한다. 나무 그늘은 땡볕으로부터 보호해 준다. 나무는 사람의 육체와 영혼을 보호해 주는 집과 예배 처소를 짓는 데 쓰이는 재료를 대준다. 추위에서 지켜주는 땔감을 마련해 준다. '신성한 나무'의 껍질은 바깥 세계에 대한 보호를 뜻한다. '신성한 나무'는 쪽배와 나룻배를 만드는 재료가 된다. '신성한 나무'가 베푸는 가장 큰 보호는 사람들에게 모여서 하나로 될 수 있는 장소가 되어주는 것이다.

상징적으로 '신성한 나무'는 세계의 여러 부족들과 종족들이 함께 모이는 집합 장소를 의미한다. '신성한 나무'는 사람들이 모여 함께 생각할 평화로운 처소를 마련해 준다. 우리가 처음 생명을 받았을 때 우리를 보호하고 길러준 어머니 자궁처럼, '신성한 나무'는 우리에게 인간으로서 지녀 마땅한 가치들과 가능성들을 심어주는 자궁이라고 생각할 수 있다.

'신성한 나무'의 가르침들을 통하여 자신의 독특한 가치를 발전시키는 동안 우리는 지금의 우리가 아닌 장차 되어갈 우리의 모습을 내다본다. 그 전망을 통해 우리는 전체성을 향해 나아가게 된다. 그런즉 우리는 '신성한 나무'에서, 전체성으로 가는 우리의 여정이 비롯되는 것과 가능성의 씨앗이 싹트는 것을 상징적으로 본다.

신성한 나무는 양육을 상징한다

'신성한 나무'의 두 번째 상징적 의미는, 우리가 살고 자라는 데 필요한 자양분을 공급하는 것nourishment이다. 그것은 나무 열매로 표현된다. '신성한 나무'의 열매는 어머니가 자녀들에게 주는 자양분과, 자라나는 아이들이 마땅히 받아야 하는 보살핌을 상징한다.

열매의 좀더 깊은 의미는 물질적·정신적 환경과의 상호 관계를 통해 인간을 양육하는 데서 나타난다. 이 환경은 흔히 어머니로 상징되곤 한다. 나무와 관계를 맺고 그 열매를 먹는 것은, 우리로 하여금 성장과 발전을 계속하도록 해주는 모든 요소들과 맺는 상호 관계를 상징한다.

'신성한 나무'의 잎은 사람들을 가리킨다. 이윽고 나뭇잎은 땅에 떨어져, 앞으로 있을 '신성한 나무'의 건강과 성장과 개화開花를 위해 기름진 거름이 된다. 상징적으로 그것은 저물어가는 세대와, 그들이 앞으로 올 세대의 건강과 성장을 위하여 남겨놓은 영적 가르침들을 의미한다. 이 상징적 의미는, 오늘을 양육하고 내일을 설계하기 위하여 어제의 축적된 지혜를 잘 활용할 필요성을 강조한다. 이 지혜는 헤아릴 수 없이 많은 세대들이 힘들게 경험하여 얻은 것이요, 사람들은 그것을 노래, 춤, 이야기, 기도, 축제 등을 통해서 배운다. 그렇게 하여 각 세대의 가능성을 실현하는 데 필요한 자양분을 공급받는 것이다.

잎의 또 다른 상징적 가르침은 희생이다. 잎들은 '신성한 나무'의 장래를 위하여 자신들을 희생한다. 이것은 공동체의 건강과 종족의 생존을 위하여 치러지는 희생 제의祭儀에서 반영된다. 이 가르침은, 사람이 살아있는 동안 얼마나 남을 섬기고 자기를 희생하느냐가 곧 그가 살아있는 동안 얼마나 성장하느냐임을 보여준다. 그러므로 자기를 내어주고 희생하는 것은 공동체를 위한 적극적 봉사에 그치지 않고, 나아가 자기 자신의 성장 그 자체이기도 한 것이다.

신성한 나무는 성장을 상징한다

'신성한 나무'의 세 번째 의미는 성장growth이다. '신성한 나무'는 성장과 발전을 가져다주는 생활 경험들의 중요성을 보여준다. '신성한 나무'는 중앙 핵심에서 바깥쪽으로 그리고 위쪽으로 성장한다. 나무의 내적 성장은 모든 사람이 내면 생활에 충실할 필요성을 말해 준다. 인간은 내면에서 이루어지는 성찰과 변화의 결과로, 그 육체와 정신과 정서와 영혼의 질質이 자라난다. 한 인간의 변화는 먼저 그의 내면에서 이루어지고, 뒤에 그것이 인품으로 표출되게 마련이다. 그런데 이 변화는 '신성한 나무'의 내적 성장이 감추어져 있듯이 사람들 눈에 잘 보이지 않는다. 그러나 우리는 나무의 겉모습에서 내적 성장의 결과를 본다. 그러기에 바깥으로 드러나는 우리의 삶은 곧 내면에서 이루어진 발전의 반영이라고 볼 수 있다. 자기 안에 있는 네 가지 얼굴을 고르게 발전시키고 더욱 깊게 함으로써 우리는 그 내용을 일상 생활에 반영하면서 성장한다. 이것이 '신성한 나무'에서 상징적으로 표현된 주술 바퀴의 영적 가르침 가운데 하나이다.

'신성한 나무'의 뿌리와 가지는 사방으로 자란다. 이것 또한 영적 성장과 주술 바퀴의 가르침을 보여준다. 뿌리와 가지의 성장은 우리네 일상 생활에 반영되는 영적 성장을 그대로 보여준다.

'신성한 나무'는 우리에게 자기의 영적 성장을 스스로 존중하는 것이 얼마나 중요한지를 가르쳐준다. '신성한 나무'의 내적 성장은 그 뿌리와 가지를, 마치 기도하듯이, 사방으로 향해 뻗는다. 우리 자신의 내적 성장은 일상 생활에서 그대로 드러나며 네 방향과 맺는 관계에 영향을 미친다. 이는 배움의 네 가지 차원과 주술 바퀴에 나타난 바 인간 본성의 네 얼굴의 발전을 상징한다.

또한 나무의 성장은 시간과 생명의 순환을 보여준다. 끊임없이 바뀌는 계절에 따른 '신성한 나무'의 변화는, 우리가 창조된 세계에서 자라고 발전하는 동안 일어나는 많은 변화들과 참자아로 되어가는 평생의 과정을 상징한다. 이것은 인생 너머에 가서 닿기 위한 끝없는 과정이다. '신성한 나무'는 어머니 땅에 뿌리를 내렸지만 위로 무한 우주에 닿고 있다. 갈등과 자기 결단을 통하여 이루어지는 성장은, 우리 자신과 공동체를 위한 새롭고 놀라운 많은 선물로 보상받는다.

신성한 나무는 전체성을 상징한다

'신성한 나무' 의 네 번째 의미는 전체성wholeness이다. '신성한 나무' 의 전체성은 인간의 네 방향이 중심에 모여 하나로 되는 것을 상징한다. 태양 춤을 위하여 장대 기둥으로 선택된 '신성한 나무' 에 대한 레임디어의 말에 그 의미가 반영되어 있다.

> 마침내 나무가 둥근 캠프에 도착하면 기쁨의 큰 환성이 모든 사람한테서 터져나온다.⋯⋯ 기둥 꼭대기는 대지의 네 모서리를 가리키는 염색된 천 조각으로 장식되어 있다.
>
> — 레임디어

'신성한 나무' 는 창조된 세계의 중심 기둥이면서 인간인 우리에게 이해와 균형의 중심이 되는 위대한 영the Great Spirit을 상징적으로 보여준다. '신성한 나무' 의 가르침은 우리의 가치들을 유기적으로 연결짓는 바탕과 우리 존재의 전체성을 발전ㆍ보호하는 안전한 길을 마련해 준다. 이 균형과 이해는 나무에 생명을 가져다주는 온갖 요소들의 통일에 근

거한다. 이 통일은 우리가 성장하는 동안 서로 반대되지만 서로 연관되어 있는 생명의 요소들을 이해하고 그것들의 균형을 이룸으로써 우리 안에서 성취된다. 어머니 땅 속에 뻗어 있어 보이지 않는 뿌리는 우리의 안 보이는 얼굴들을 상징하고, '신성한 나무'의 땅 위로 드러난 부분은 보이는 얼굴들을 상징한다. 자신의 이 양쪽 얼굴을 이해하고 그것들의 균형을 이룰 때 우리는, 장차 자라나서 완전한 전체를 이루게 될 씨앗이 들어 있는 풍성한 열매를 달고 성장할 것이다.

사실인즉 우리는 전체성을 몸에 지니고 인생을 출발했지만, 가정과 부족과 사회에서 우리 자신을 깨어진 조각으로 경험한다. 우리가 설혹 상처를 입는다 해도 '신성한 나무'의 가르침에 들어 있는 영적 교훈들과 자연 치유 과정을 통하여 이 전체성이 회복되면 상처 입기 전보다 더욱 발전될 수 있을 것이다.

나의 성장은 인류의 성장을 돕는다

우리는 '신성한 나무'가 자신을 성찰하며 살아가는 사람에게 많은 의미를 제공한다는 말로 이야기를 시작했다. 그러나 지금은 그 상징적 의미의 수면을 조금 건드려보았을 뿐이다. 우리는 깊은 연못의 수면 아래를 들여다보듯이 그 깊은 의미를 보아야 한다. '신성한 나무'의 가르침을 듣고 그대로 살아가는 것은 전체 인류의 삶을 새롭게 만드는 일이다.

이 상징을 활용하는 것은, 창조된 세계의 모든 생명이 순수해지고 새로워지는 이 시대, 다시 말해 '신성한 나무'의 보호, 양육, 성장, 전체성을 통하여 그 모든 생명이 하나로 모여드는 이 시대의 예언들에 약속된 바 옹근 전체를 향해 나아가는 것이다.

4. 신성한 나무의 가르침

아래에 '신성한 나무'의 몇 가지 중요한 가르침을 간추렸
다. 그것들 하나하나가 길로 들어서는 문이다. 여행자들로
하여금 그리로 통과하여 여행을 시작할 수 있도록 마련된 것
이다.

1. 전체성. 모든 것들이 서로 얽혀 있다. 우주 안에 있는 모든 것들이 옹근 전체의 한 부분이다. 모든 것이 다른 모든 것들과 이렇게든 저렇게든 연결되어 있다. 그러기에 무엇을 이해하려면 그것이 다른 것들과 어떻게 연결되어 있는지를 이해할 때에만 제대로 이해할 수 있다.

2. 변화. 창조된 모든 것이 끊임없이 바뀌고 있다. 아무것도 같은 것으로 머물러 있지 않다. 오직 돌고 도는 변화만이 있을 뿐이다. 한 계절이 다른 계절의 꼬리를 문다. 인간들은 태어나서 살 만큼 살다가 죽어 영계靈界로 들어간다. 모든 것이 바뀐다. 변화에는 두 가지가 있다. 사물들이 함께 모여드는 것development과 사물들이 서로 흩어지는 것disintegration이 그것이다. 이 두 가지 변화는 반드시 있어야 하고 언제나 서로 이어져 있다.

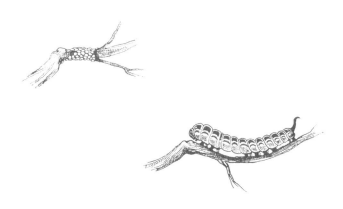

3. 변화는 일정한 틀 안에서 이루어진다. 아무렇게나 또는 우연히 일어나는 일은 없다. 때로는 한 변화가 다른 것들과 어떻게 연결되는지를 알아보기 어려운 경우도 있다. 그것은 우리의 보는 자리(변화를 바라보는 우리의 입장)가 밝게 보는 능력을 제한하고 있음을 의미한다.

4. 보이는 것과 보이지 않는 것. 물질계는 실재한다. 영계는 실재한다. 이 둘은 한 실재reality의 두 얼굴이다. 서로 다른 법이 두 세계를 다스린다. 그러나 영의 법을 어기면 물질계에 영향을 미칠 수 있다. 물질의 법을 어기면 영계에 영향을 미칠 수 있다. 실재의 두 차원을 다스리는 법을 고르게 존중하는 것이 균형 잡힌 삶이다.

5. 인간은 영이면서 물질이다.

6. 인간은 언제나 새로운 선물을 얻을 수 있지만, 그러려면 노력을 해야 한다. 겁보는 용감한 사람으로 될 수 있고, 나약한 사람은 굳세고 강한 사람으로 될 수 있고, 무뚝뚝한 사람은 남의 감정을 배려하는 법을 배울 수 있고, 물질만 좇아서 살던 사람은 내면을 들여다보며 거기에서 들리는 소리에 귀를 기울일 수 있다. 이렇게 사람이 새로운 기질을 발전시켜 나아가는 과정을 일컬어 '참 배움'이라고 한다.

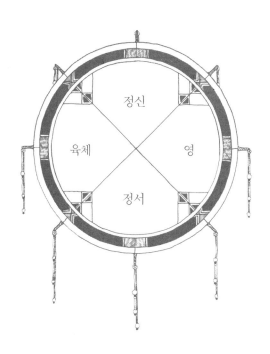

7. '참 배움'에는 네 가지 차원이 있다. 모든 인간이 지니고 있는 본성의 네 얼굴이 주술 바퀴 안에 반영되어 있다. 우리의 이 네 가지 얼굴은 의지를 사용함으로써 발전된다. 사람이 자기의 네 얼굴을 고르게 발전시키지 않는 한, 전체적으로 균형 있는 삶을 살아갈 수 없다.

8. 영적 차원에서 이루어지는 인격 발전은 서로 연관된 네 가지 능력에 따라서 측정될 수 있겠다.

첫째, 꿈, 환상, 이상, 영적 가르침, 목표, 이론 등 비물질적으로 존재하는 실재들을 경험하고 그것들에 반응하는 능력.

둘째, 그런 실재들을 아직 알려지지 않았거나 실현되지 않은 가능성 또는 현재의 우리보다 나은 우리로 될 가능성을 반영하고 있는 것으로 받아들이는 능력.

셋째, 이러한 비물질적 실재들을 언어나 예술 또는 수학 따위 상징들로 표현하는 능력.

넷째, 지금은 가능성으로만 보이는 것을 살아있는 현실로 만들기 위한 구체적 행위를 이끌어내는 데 이 상징적 표현들을 활용하는 능력.

9. 인간은 자신의 잠재된 가능성을 드러내어 현실로 만드는 일에 능동적으로 참여해야 한다.

10. 지금의 자기보다 나은 존재 혹은 지금의 자기와는 다른 존재로 되고자 하는 사람이 반드시 넘어서야 하는 문턱은 의지volition의 문턱이다. 스스로 그 길을 가겠노라고 '결심'을 해야 한다. 그 길은 참을성이 무한하다. 가겠노라 결심한 자들을 위하여 언제나 거기에 있다.

11. 일단 자기 발전의 여정에 발을 들여놓은(예컨대, 서약을 하고 그 서약을 지키려고 노력하는) 사람은 누구든지 도움을 받게 되어 있다. 적절한 곳에서 안내자와 선생이 나타나고 그를 지켜주는 보호자가 항상 곁에 있을 것이다. 시련이 와도 그가 능히 견뎌낼 수 있는 시련만이 주어진다.

12. 이 여행에서 실패라는 게 있다면 '신성한 나무'의 가르침을 제대로 따르지 않은 데 그 유일한 이유가 있다.

5. 주술 바퀴를 따라가는 여행

주술 바퀴는 자신의 가능성을 미리 보여준다

　주술 바퀴는 우주에 대한 고대의 힘있는 상징이다. 그것은
사물이 어떻게 존재하는지를 가르치는 말없는 교사이다. 사
물들이 서로 연결되어 존재하는 수많은 방법들을 보여준다.
나아가서, 지금 있는 대로의 사물을 보여줄 뿐 아니라 그것
들이 장차 어떻게 될 것인지도 보여준다.

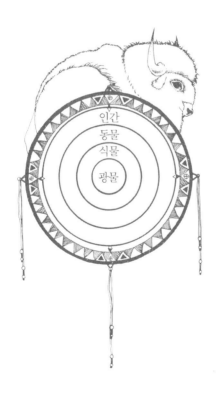

진지한 사람들에 의하여 거울로 사용될 때, 주술 바퀴는 아직 계발되지 않은 놀라운 선물이 그들 안에 감추어져 있음을 보여준다. 지금의 우리뿐만 아니라 조물주가 우리 안에 심어놓은 가능성들이 실현될 때 우리가 어떻게 될는지도 보여줄 수 있는 것이다.

　　대부분의 잠재된 가능성은, 우리가 어떻게든지 그것들을 발견해서 기르지 않으면 결코 실현되지 않을 것이다. 위대한 스승들이 가르쳐준 대로, 모든 사람 안에 잠재되어 있는 가능성은 나무 안에 감추어져 있는 열매와 같기 때문이다.

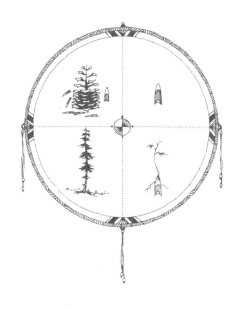

나무를 수천 토막으로 잘게 부수어도 그 속에서 새로운 열매를 찾아내지는 못하겠지만, 성장의 조건(따스한 햇살, 비, 흙의 자양분 등)이 제대로 갖추어지면 나무는 마침내 아름다운 열매를 맺는다.

사람들은 가능성을 실현하는 데 필요한 여러 조건들을 스스로 만들어낼 수 있다. 자기 의지를 실천함으로써 그렇게 한다. 그들은 그렇게 하기로 결심한다.

이렇게 자기 안에 감추어져 있는 품성들(예를 들어, 용기, 의지력, 아름다움을 알아보는 눈, 명료한 사고)을 계발하는 데 필요한 조건들을 만들기로 결심하고 실천하지 않는 한, 그것들은 나무 안에 감추어져 있는 열매처럼 그렇게 남아 있을 것이다.

아직 나무에 달리지 않은 열매를 열매라고 말할 수도 없지만, 그렇다고 해서 열매가 아니라고 할 수도 없는 일이다. 왜냐하면 가능태로서 분명히 거기에 있기 때문이다. 가능성을 다른 차원의 실재로 보아 그것을 실현하기로 결심하고 그대로 행동할 수 있음은 조물주가 인간에게 선물한 놀라운 능력이다.

주술 바퀴는 인간이 자신의 가능성을 실현하기로 결심하고 그대로 할 때 어떻게 될 것인지를 보여주는 모델로 사용될 수 있다. 주술 바퀴를 깊게 들여다본 사람이더라도 저마다 조금씩 다르게 사물을 볼 것이다. 그것은 조물주가 우리 모두를 독특한 존재로 만들었고, 그것으로 자기를 계발하고 남을 섬길 특별한 재능을 사람마다 다르게 주었기 때문이다.

두 사람이 주술 바퀴 거울을 깊게 들여다볼 때, 똑같은 것을 똑같이 보는 그런 일은 없을 것이다.

그렇지만 주술 바퀴 거울을 깊게 들여다보면 모든 사람이 자기 인생의 독특한 나무가 보편 진리의 토양에 뿌리 내리고 있음을 알게 될 것이다.

여러 종족과 민족이 저마다 주술 바퀴를 사용하여 자기 자신을 들여다보기 때문에, 인류가 공동으로 나누는 보편 진리에 대해서도 다양한 설명이 있을 수 있다.

뒷장에서 주술 바퀴를 언급할 때 우리는 각 방향에서 특별한 품성들(또는 선물들)이 주어진다는 점을 보여줄 것이다.

또한 우리는 품성이나 선물 그리고 교훈을 나타내기 위하여 특별한 짐승이나 자연 현상을 선택하였다.

우리가 언급하는 것과 다른 품성이나 짐승을 언급하는 부족도 있긴 하겠지만, 그것들이 완전한 인간을 이루는 데 어떻게 작용하는가에 대한 가르침은 보편적이다. 적어도 인간이 다음 다섯 가지 얼굴을 구비한다는 점에서는 모두가 일치한다.

1. 육체
2. 정신
3. 정서
4. 영
5. 의지

그리고 모든 부족이 이구동성으로 '신성한 나무'의 여러 다른 선물들이 서로 균형을 이루고 있음을 말한다. 우리가 보여주는 방식은 진실로 보편적이지만 달리 보여질 수 있는 무엇을 말하는 여러 방식들 가운데 하나이다.

흔히 사람들은 어떤 품성을 상징하는 데 동물을 사용한다. 예를 들어 어떤 이들은 독수리로 용기를 상징하고, 어떤 이들은 암콤이나 족제비로 용기를 상징한다. 우리는 암콤이 용기를 가르치는 '교사'라고 말할 수 있다. 그 말은 우리 자매인 암콤의 품성을 살펴볼 때 그에게서 용기에 대한 무엇을 배울 수 있다는 뜻이다. 어머니 땅 여기저기에서 피어난 많은 문화들이 저들의 설화나 노래 속에 비슷한 교사들을 등장시킨다.

자연의 이런저런 것들을 상징물로 쓰는 이유는, 주술 바퀴에 반영된 인간의 품성들이 살아있는 예例 없이는 이해하기가 어렵기 때문이다. 사람들은 주변 세상에서 예들을 선택하여, 자기네가 선물로 받은 것이 어떤 것인지를 좀더 깊게 들여다볼 수 있다. 주술 바퀴를 사용하는 사람마다 자기에게 뭔가 개인적으로 깊게 말해 주는 상징들을 발견할 것이다. 상징들을 써서 자신을 이해하되 그것들에 얽매이지 않는 게 중요하다.

이제부터 주술 바퀴와 함께 여행을 떠나자. 주술 바퀴를 거울로 활용하여 자신을 깊게 들여다보면, 당신의 장단점을 보여주는 형상image과 더불어 당신이 주술 바퀴 여행을 계속할 때 어떤 존재로 될 것인지가 내다보일 것이다. 이것이야말로 참된 인간 발전을 향한 여행이다.

우리는 태양이 지구 둘레를 여행하듯이, 동쪽에서 서쪽으로, 주술 바퀴를 돌면서 여행할 것이다.

네 방향이, 완전한 존재로 발전해 가는 인간의 특정 부분을 가리킨다는 사실을 우리는 보게 될 것이다. 그 누구도 이미 완전한 인간으로 되었다고 말할 수 없다. 인간의 발전에는 끝이 없기 때문이다.

이제부터 네 방향이 주는 각각의 선물을 살펴볼 터인데, 그 중 어느 것에 가장 큰 매력을 느끼게 되는지 모르겠다. 아마도 어떤 특정한 것에 매력을 느끼는 이유는 조물주가 당신의 특이한 운명을 완성시키고자 당신에게 특별한 선물을 주었기 때문일 것이다. 또는 당신이 속한 사회가 어떤 특수한 능력을 다른 것들보다 더 좋은 것으로 강조하기 때문일 수도 있다.

예컨대, 대부분 사회에서 남자들은 거칠고 용감하고 집요하고 필요하면 무자비할 수도 있어야 한다고 가르친다.

겸양, 온유, 공손, 자애로움 등은 여성의 기질로 여겨지고 남자가 그런 모습을 보였다가는 비웃음을 당하는 수도 있다.

그러나 주술 바퀴는 우리에게 용기는 지혜로, 거칢은 부드러움 또는 인내로, 강인함은 유동성으로 균형을 이루어야 한다고 가르친다. 이와 같은 균형을 자신의 삶에서 이루지 못하는 사람은 인간으로서 속에 지니고 있는 가능성을 온전히 계발할 수 없을 것이다. 이것이 주술 바퀴의 중요한 교훈 가운데 하나다.

주술 바퀴를 따라 여행하는 동안, 당신이 선물로 받은 품성과 기질이 어떤 것인지를 잘 살펴보기 바란다. 이 도구(주술 바퀴)의 기본 가치는, 그것으로 우리 자신이 어디만큼 왔는지를 재어보고 다음에 이어질 여정을 위해 무엇을 해야 하는지 알아보는 데 있다.

한 가지 경계할 것이 있다. 당신 자신을 '북방의 사람'이라든가 '동방의 사람'이라고 규정짓는 것은 위험한 일이다. 주술 바퀴를 활용하려면 언제나 바퀴 중심에서 본인의 의지력에 의하여 모든 방향에 똑같이 연결되어 있는 당신 자신을 보려고 해야 한다.

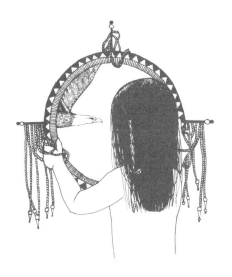

주술 바퀴를 따라가는 여행은 어디까지나 상징적인 것이다. 우리가 진짜로 하려는 일은, 이를테면 계절의 순환 같은 자연의 패턴을 활용하여 우리 자신을 좀더 잘 이해하는 것이다.

우리가 이 일을 할 수 있음은 복잡하고 놀라운 우주의 모든 것이 우리 자신 안에 그대로 반영되어 있기 때문이다.

주술 바퀴는 우리 자신이 다른 모든 창조물과 어떻게 연결되어 있는지를 알아보는 데 도움을 주는 상징적 도구다.

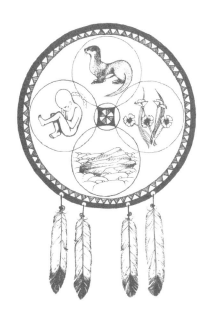

동쪽, 모든 것이 시작되고 깨어나는 곳

동쪽은 세상에 새 날이 밝아오는 쪽이다. 쇄신이 이루어지는 방향이다. 거기는 천진함과 순수함, 자연스러움, 기쁨, 그리고 보이지 않는 것을 믿는 능력이 있는 곳이다.

동쪽으로 여행하면서 우리는 많은 교훈을 얻게 될 것이다. 거기서 우리는 따뜻함, 순수함, 신뢰, 희망 그리고 다음 것들을 아무 조건 없이 받아들이는 법을 배우게 된다. 아이처럼 사랑하는 법, 곧 남들에 대해서도 질문하지 않고 자기 자신에 대해서도 아는 바가 없는 그런 사랑을 배우게 된다. 여기서 용기가 태어나고 진실성이 비롯된다.

동쪽은 모든 것이 시작되는 곳이다. 사람은 인생 여정에서 여러 번 동쪽으로 돌아가야 한다. 그럴 때마다 거기에는 새로운 이해의 차원에서 배워야 할 새로운 가르침들이 있다.

동쪽은 태어나고 다시 태어나는 방향일 뿐 아니라 깨어나는 방향이기도 하다. 그곳은 세계로 빛이 나오는 방향이다. 그러기에 동쪽은 안내와 지도指導의 방향이다. 여기서 남을 이해시키는 데 도움이 되는 아름답고 분명한 말솜씨를 선물로 받는다. 또한 여기서 복잡한 상황을 정확하게 꿰뚫어볼 수 있는 능력을 얻는다. 독수리처럼, 사람들을 이끄는 지도자는 자주 홀로 있어야 한다. 독수리는 세계 위로 높이 난다. 지상의 모든 움직임을 낱낱이 살펴보고 숨어 있는 미미한 것들까지도 놓치지 않는다.

위에서 내려다보며 다른 생명들의 안녕을 지켜주는 능력은 매우 중요한 선물이고, 많은 어려움을 겪어야 배울 수 있는 것이다. 다른 생명들이 처해 있는 상황을 살펴보는 것과 그들에게 필요한 것이 무엇인지를 알아서 정확하게 도와주는 것은 전혀 다른 일이다.

주술 바퀴의 동쪽에서 훌륭한 지도자는 모든 사물이 서로 연결되어 있음을 보는 법과, 홀로 걷는 법, 사람들에게 희망하는 법, 자기가 본 환상을 신뢰하는 법을 배운다. 그러나 여행이 주술 바퀴의 남쪽(가슴이 있는 곳)으로 나아가 거기서 자기를 희생하고 남들의 감정을 자기 몸으로 느끼고 보상을 바라지 않고 사랑하는 법을 배우기 전에는, 여행이 서쪽으로 나아가 거기서 인간의 독특한 목적이 무엇인지를 배우고 힘을 바로 쓰는 법을 배우고 조물주가 지도자에게 바라는 바가 무엇인지를 배워 알기 전에는, 누구도 사람들을 앞에서 이끌 수 없다. 또한 북쪽으로 여행하여 거기서 사람들을 지혜로 섬기고 안내하는 법을 배우기 전에는 누구도 남을 안내할 수 없다. 우리의 여행이 동쪽에서 출발하여 멀리 주술 바퀴의 북쪽, 지혜의 장소에 이르기까지는 우리 모두의 내면에 다른 사람들을 안내할 능력이 잠재되어 있음을 깨닫지 못할 것이다.

지금 여기에 있기

모든 여행이 주술 바퀴의 동쪽에서 출발한다. 새로운 길을 걷게 될 때 우리는 길에 주의를 집중한다. 우리의 눈길은 다음에 떼어놓을 발짝에 모아진다. 동쪽에서 얻는 가장 중요한 선물 가운데 하나가, 지금 이 순간 일어나는 일들에 시선을 모으는 능력이다. 어린 아이였을 때(동쪽은 아이들의 방향이기도 하다) 우리는 본능적으로 현재에 집중하는 법을 알았다. 아름다운 나비를 보거나 어떤 재미있는 현상을 볼 때 우리는 자기가 하고 있는 일에 완전히 빠져 있었다. 날아가는 나비나 흙 한 덩이 또는 인형 속에 우리의 시선을 온전히 쏟아부었다. 많은 사람이 이 능력을 상징하는 데 쓰는 동물이 생쥐다. 우리의 꼬마 생쥐 누이는 그 작은 몸을 총동원하여 자기가 지금 하고 있는 일을 한다.

많은 사람들이 그러지를 못한다. 그들은 끊임없이 미래를 내다보고 과거를 돌아보고 안팎을 살피거나 멀리 바라보느라고 지금 자기가 하고 있는 일을 제대로 보는 경우가 거의 없다. 모든 감각을 깨어 있게 하고 일에 온전히 열중해야 이룰 수 있는 작업을 제대로 하려면 현재 순간에 충실하는 능력이 있어야 한다. 예컨대 사냥을 할 때, 두뇌를 써야 하는 수공업을 하거나 바느질 또는 목조각을 할 때, 환자를 치료할 때, 운동 시합을 할 때, 악기를 연주할 때, 그럴 때 우리는 지금 하는 일에 몸과 마음을 모아야 한다. 이것이 꼬마 생쥐누이가 우리에게 주는 특별 선물이다. 이것을 배우는 일이 결단력volition을 키우는 첫 번째 단계다.

그러나 먹이 찾는 일에 너무 몰두하여 올빼미가 날아오는 것을 까맣게 모르는 생쥐처럼 되지 않으려면, 동쪽에서 현재에 집중하는 법을 배운 뒤 자신의 행복과 안녕을 지키기 위하여 자기 내면에서 천둥처럼 울리고 번개처럼 번뜩이는 경계 신호를 알아차리고(서쪽의 교훈), 멀리 내다보고(북쪽의 교훈), 전체를 한눈에 파악하는(동쪽의 다른 교훈) 법을 배워야 한다.

지나치게 오만하여 다른 사람 말에 귀를 기울이지(남쪽의 교훈) 않는 사람, 주술 바퀴 서쪽에 서서 동쪽 너머로 우리의 꼬마 생쥐 누이가 얼마나 공격받기 쉬운 처지에 있는지를 바라본 적이 한 번도 없는 그런 사람은, 자기가 지닌 거짓된 우월감에 빠져 다른 사람에게 아무 도움도 되어줄 수 없을 것이다.

동물 가운데서도 가장 보잘것없는 존재(생쥐)와 가장 고상한 존재(독수리)가 동쪽의 쌍둥이 스승이라는 점은 우연이 아니다. 영의 위대함과 겸손함은 같은 실재의 반대되는 측면이기 때문이다. 참된 지도자의 본질은 사람들을 섬기는 것이다.

실로 사람의 사람됨은 남들을 섬기는 모습에서 발견된다. 이것이 주술 바퀴가 주는 모든 가르침 중에서 가장 위대한 가르침이다. 사람은 한평생 사는 동안 이 한 가지 교훈을 얻기 위해 여러 번 동쪽으로 여행을 해야 한다.

동쪽이 주는 선물에 대하여, 주술 바퀴의 다른 방향 가운데 어느 하나가 주는 선물에 대하여, 그것들을 모두 이야기하자면 천 번쯤 생을 거듭해도 모자랄 것이다. 네 방향이 주는 선물들을 찾기 위해 길을 떠난 여행자를 실어 나르는 말(馬)의 이름은 참을성이다. 참을성 없이는 누구도 여행을 계속할 수 없다. 이제, 주술 바퀴를 따라서 우리의 상징적 여행을 계속하기로 하자.

남쪽에서 사랑을 배우고 몸을 연마한다

남쪽은 해가 가장 높이 떠 있는 방향이요, 여름, 충만함, 젊음, 육체의 힘과 활기가 있는 곳이다. 또한 사람들이 가을과 겨울을 대비하여 일하는 때이기도 하다. 그러므로 남쪽은 미래를 준비하고 앞날을 대비하는 시절을 상징한다.

남쪽은 가슴이 있는 곳, 너그러움, 상대의 감정에 대한 민감함, 충성심, 고결한 열정, 그리고 사랑이 있는 곳이다.

그러나 남쪽에서 배우는 사랑은, 마음 깨끗한 아이가 느끼는 것 같은, 모든 창조물에 대한 조건 없는 사랑이 아니다. 또한 그것은 우리의 형제 독수리가 높은 하늘에 외로이 떠 세상을 내려다보며 인간들에게 내려주는 초연한 사랑(집착하지 않는 사랑)도 아니다.

　남쪽에서 배우는 사랑은 한 사람이 다른 사람에게 주는 사랑이다. 우리는 사랑하는 사람과 함께 있고 싶어한다. 그러나 함께 있고자 하는 마음은 상대를 소유하고 지배하려는 욕망으로 쉽게 변질된다. 이 사랑이 주는 교훈을 우리는 아름다운 자태와 향기로 사람의 감각과 손길을 잡아끄는 장미한테서 상징적으로 얻을 수 있다. 장미의 자태와 향기는 그렇게 매력이 있지만 그러나 부드러운 잎사귀 뒤에 가시를 감추고 있어서 그 아름다움을 움켜잡아 자기 것으로 삼으려는 자에게 상처를 입힌다.

주술 바퀴의 남쪽은 육신을 연마하는 훌륭한 도장이기도 하다. 거기서 우리는, 조련사가 말을 훈련시켜 명령에 복종하되 어느 쪽으로 갈 것인지를 제가 결정짓는 일이 없도록 만들듯이, 우리의 몸을 잘 단련시켜야 한다.

자기 몸을 부리는 대신 자기 몸에 부림을 당하면서 살아가는 사람들이 많다. 그들은 자기 몸이 원하는 것들(음식, 성 관계, 잠 따위)과 자기 몸에 참으로 필요한 것들을 분간하지 못한다. 이를 가려내는 훈련을 하려면 자기 인생의 목표를 세우고 그것을 성취하겠다는 강한 결단(의지력)이 있어야 한다. 인생의 목표를 세우고 그것을 향해 나아가기로 결심하는 능력은, 의지력을 발전시키는 수련의 두 번째 단계에서 얻어지는 것이다.

보고 듣고 만지고 맛보는 감각들은 우리 몸에 주어진 선물인데, 모든 사람을 온전히 섬기기 위해서 훈련되고 계발될 수 있으며 되어야 한다.

여행자는 남쪽에서 음악, 동작의 우아함, 예술 작품 감상이 주는 다양한 선물과 보고 듣고 맛보는 감각의 능력도 얻는다. 몸의 날렵함과 감각의 예민함을 상징적으로 잘 보여주는 동물은 퓨마(아메리카 사자)다.

그러나 퓨마는 어디까지나 남쪽의 스승들 가운데 하나를 상징하는 짐승이다. 동쪽에서 꼬마 생쥐 누이한테 배웠던 집중력이 남쪽에서는 세상에 대한 적극적 참여로 바뀐다. 여행자는 남쪽에서 모든 위대한 동기를 불러일으키는 이상주의 idealism를 배운다. 이상주의는 우리를 둘러싼 세상의 아름다움과 추함에 대한 가슴의 응답이다. 그것이 반드시 깊은 영적 통찰(주술 바퀴의 북쪽에서 배우게 될)에 뿌리를 내린 것이어야 할 필요는 없다. 좋은 것에 대한 감정의 이끌림이나 나쁘고 해로운 것에 대한 감정의 배척으로 충분하다.

한편으로는 사랑, 성실, 너그러움, 동정, 친절의 능력을 기르고 다른 한편으로는 불의에 분노하고 폭력에 저항하는 능력을 기르는 일이, 여행자가 남쪽에서 배워야 할 중요한 교훈이다.

우리의 감정(분노, 두려움, 사랑 등)은 하늘에서 머리 위로 뚝 떨어지는 돌멩이처럼 그렇게 우연히 생겨나는 것이 아니다. 사람들이 흔히 쓰는 "사랑에 빠졌다"라는 말은, 사랑이 갑자기 생겨난다고 믿는 그들의 속생각을 암시한다. 그러나 슬기로운 교사들과 어른들은, 감정이 본인의 의지에 의하여 실현되고 제어될 수 있는 것임을 안다. 실로, 인간의 감정은 노력에 따라 세련되고 제어되고 발전될 수 있는 그런 것이다.

의지력을 가지고 몸을 단련할 수 있듯이 우리의 감정도 훈련할 수 있다. 예를 들어 뭔가 자기가 바라는 일이 어그러졌을 때 하늘을 찌를 듯이 분통을 터뜨리는 사람은 자기 감정 다스리는 법을 배우지 않은 것이다. 자기 능력으로는 아무것도 할 수 없는 속수무책의 긴급 상황에서 두려움과 흥분에 사로잡혀 정신을 잃는 사람 역시 자기 감정 다스리는 법을 배우지 않은 사람이다.

분노나 상처 입은 감정을 풀어버리지 못하고 그대로 속에 간직한 사람은 본인은 물론 다른 사람의 몸과 마음의 안녕에 큰 해를 입힐 수 있다. 만물로 하여금 우는 법을 배우게 하려고 하늘 아버지가 땅 어머니에게 슬픔의 눈물을 내리는 때가 있다. 사람들이 저마다 속에 지니고 있는 분노와 상처 입은 감정들은, 지혜롭게 풀어지고 이해될 때까지 계속하여, 순수한 사랑과 친절한 사귐을 가능케 하는 지성과 능력을 가로막고 얼어붙게 할 것이다.

주술 바퀴의 남쪽에서 얻을 수 있는 가장 어렵고 가치 있는 선물은 남에게 상처 입히지 않는 방식으로 자기 감정을 자유롭게 드러내는 능력이다.

이런 능력을 갖춤으로써, 다른 사람들의 말을 듣거나 그들을 도와주어야 할 때 자기 감정이나 상처나 슬픔 같은 것들을 한켠으로 치워놓을 수 있을 것이다. 또한 남을 돕지 못하도록 방해하는 자신의 감정을 명확한 판단으로 적절히 풀어버릴 수 있게 될 것이다.

이 생동하는 교훈을 상징적으로 보여주는 것이 남쪽의 또 다른 선생인 붉은 버드나무다. 붉은 버드나무는 숲에서 가장 강하고 가장 부드러운 나무다. 가뭄도, 홍수도, 산불도, 혹독한 추위도 모두 견디고 살아남는다. 다른 나무들을 파멸시키는 세력 앞에서 언제나 굴복하지만 언제나 다시 돋아난다. 버드나무 가지로 호드기를 만들어 불 때마다 우리는 버드나무 누이가 가르쳐준 교훈을 기억할 수 있을 것이다.

주술 바퀴를 따라 도는 우리의 여행을 계속하자. 아직 배워야 할 게 많이 있다.

서쪽에서 내면의 여정을 시작한다

서쪽은 어둠이 다가오는 방향이다. 아직 알려지지 않은 것이 있는 방향, 꿈과 기도와 명상으로 들어가는 방향이다. 서쪽은 의지를 바깥 경계 끝까지 밀고 나아가 불굴의 인내가 주는 선물을 받는 곳, 시련의 장소이다.

목표 지점에 가까이 갈수록 여정은 더욱 힘들어진다. 비록 힘들고 고통스럽더라도 도전을 피하지 않고 맞받아 치는 능력을 기르는 것이 서쪽에서 배워야 할 중요한 과제다. 그것은 우리의 의지를 발전시키는 과정에서 얻는 세 번째 중요한 교훈이다.

천둥 벼락이 자주 그쪽에서 치기 때문에 서방은 (상징적으로) 힘의 장소이다. 여러 전통에서 서쪽을 천둥이 사는 곳이라고 말한다. 천둥은 힘을 가져오는 존재다. 병을 고치는

힘, 보호하고 지켜주는 힘, 무엇을 보고 아는 힘이 거기서 온
다. 여행자는 이곳에서 '신성한 나무'의 위대한 가르침에 어
울리는 방식으로 힘쓰는 법을 배워야 한다.

검은 곰과 거북이가 서쪽의 두 (상징적) 스승이다. 서쪽으
로 가서 자신을 기다리고 있던 선물을 받은 여행자는 검은
곰처럼 강한 힘을 지닌다. 그러나 그 힘의 원천은 그의 깊은
내면에 숨어 있다. 추운 겨울을 대비하여 어둡고 은밀한 굴
속에 들어가 휴식을 취하는 곰처럼, 서쪽이 주는 가르침을
모두 배운 사람은 남방의 열정적인 충실함과 깊은 영적 통찰
사이의 균형을 유지한다. 이 통찰은 세속의 떠들썩함에 문을
닫고서 홀로 기도와 명상에 들어감으로써 얻는 것이다.

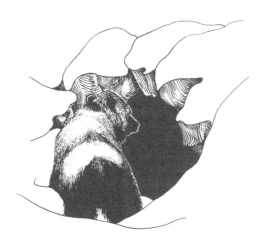

이 내면의 여정을 인도하는 (상징적) 안내자 가운데 하나가 거북이다. 거북이는 내면으로 들어가는 것을 가르칠 뿐 아니라 그에게서 배우려는 이들에게 인내라는 선물을 안겨 주기도 한다.

자기 내면의 중심에 들어감으로써 사람은 인간과 인간을 제외한 나머지 우주 사이에 연결된 관계, 인간의 영과 조물주의 영 사이에 연결된 관계를 몸으로 겪어 알게 된다. 이 경험은 기도가 주는 선물이다.

우리 내면에서 이루어지는 배움의 과정 속으로 들어가려면 쉬지 않고 날마다 많은 노력을 기울여야 한다. 아침마다 일어나면서, 밤마다 잠들기 전에 홀로 조물주를 만나야 한다고 어르신들은 우리를 가르쳤다. 집 안에 방 하나를 따로 마련하든지 아니면 특별한 장소를 정해 두고 날마다 기도하고 명상하고 자신을 깊게 성찰하는 곳으로 쓰는 것도 좋은 방법일 수 있다.

성스런 물건들

많은 사람이 여행하면서 특별히 맘에 드는 물건들을 수집한다. 책이나 사진을 모으는 사람도 있고 깃털이나 작은 돌멩이나 약초 따위를 모으는 사람도 있다. 이런 물건들은 그것을 모으는 사람의 영적 여정이 어떠한지를 상징적으로 보여준다. 이들 특별한 물건들을 손에 넣음으로써 사람이 평범한 일상 생활 속에서 다루는 보통 물건들 속에 담겨 있는 특별한 의미를 파악하는 능력이 커질 수 있다.

물건 자체에서 힘이 나오는 게 아니라, 그것을 사용하는 사람에게 물건의 깊은 의미가 드러난다는 사실을 이해할 때, 성스런 물건들은 기도와 명상 속으로 집중하는 데 큰 도움이 될 수 있다.

자기 내면으로 들어가 볼 시간이 없는 사람

만일 어떤 사람이 사느라고 너무 바빠서 기도하고 명상할 쯤도 없고, 자기가 왜 태어났으며 사는 동안 해야 할 일이 무엇인지를 깊게 물어볼 여유도 없고, 자기를 인도하는 우주의 안내에 귀기울일 시간도 없다고 한다면, 그 사람은 아직 날기를 배우지 못한 새와 같다. 그 새의 다른 모든 지체들은 다 갖추어져 있는데 아직 무엇인가가 모자란다. 온전한 사람이 된다는 것은 몸으로, 정신으로, 정서로, 영으로 두루 함께 살아있는 것이다.

영적 공허함의 증표들

혼자 있기가 싫어지거나 특히 혼자서 침묵하는 것이 싫어질 때가 바로 영적 성숙을 향한 길을 걷는 이에게 많은 노력이 필요한 때이다. 많은 사람이 텔레비전을 보거나 음악을 들음으로써 침묵의 공간을 채우고 그렇게 하여 자기 자신의 참모습을 있는 그대로 경험하지 못한다.

침묵 속에서 홀로 자기를 대면하고, 조물주가 우리를 아름답게 지으셨기 때문에 우리 자신을 사랑하는 것이야말로, 여행자인 우리 모두가 마땅히 배워야 할 것들이다. 이 자리에 굳게 설 때 아무도 우리를 끌어내릴 수 없게 된다, 아무도 우리가 마땅히 해야 할 일말고 다른 일을 하도록 이끌거나 우리가 마땅히 되어야 할 존재 아닌 다른 존재가 되도록 강요할 수 없다.

여행자가 서쪽이 주는 선물을 아직 받지 못했음을 보여주는 또 다른 증표 하나는, 어르신들을 존중하지 않거나 다른 사람들의 영적 투쟁과 노력을 가벼이 보는 것이다. 다른 이들의 영적 발자취를 비웃고 조롱하는 것은 스스로 이렇게 말하는 것과 같다. "나는 지금 내 안에서 느껴지는 공허함을 남들에 대한 비판이나 위장된 웃음으로 감추는 중이다."

영적 통찰이라는 선물

　서쪽의 스승들이 우리에게 주는 위대한 교훈은 영적인 존재이면서 육적인 존재인 우리 자신을 있는 그대로 받아들이라는 것이다. 그리고 두 번 다시 우리 자신을 자연의 영적 연결 고리에서 잘라버리지 말라는 것이다.

　서쪽은 희생이 있는 곳이다. 서쪽에서 우리는 무엇인가를 주지 않는 한 아무것도 우주에서 얻지 못한다는 사실을 배운다. 주술 바퀴가 주는 모든 선물에는 값이 있기 때문이다. 그러나 그 희생 안에 아무것도 희생되는 게 없다는, 희생의 신비를 또한 우리는 배운다.

서쪽에서 우리는 동쪽을, 순진한 몸과 마음으로 첫발을 떼던 곳을 바라볼 수 있다. 그리고 거기서 우주 앞에, 무수한 별들 앞에, 작고 초라하고 상처 입기 쉬운 벌거숭이로 서 있는 우리 자신을 볼 수 있다. 그때 겸손이라는 선물을 받는다.

그리고 또 우리는 남쪽을 바라볼 수 있다. 거기서 몸을 단련하고 감정을 순화시키려 애쓰는 우리 자신을 볼 수 있다. 우리 눈에서 아픈 사랑을 보고 우리 얼굴에서 뜨거운 신념을 보며, 그것들 모두 좋은 것들이긴 하나 멀고 험한 여정에 들어서는 접촉점들에 지나지 않는다는 사실을 깨닫는다. 여기서 우리는 영적 통찰이라는 선물을 받는다.

영의 눈으로 자기 인생을 들여다볼 때, 왜 우리가 조물주에 의하여 이 세상에 보내졌는지를 이해하게 된다.

서쪽으로 여행하면서 기도와 명상이라는 선물을 받을 때 우리는 비로소 (아직 완전히라고는 할 수 없지만) 조물주를 알게 되고 간절히 사랑하게 되어 그 사랑의 열기가 다른 모든 사랑을 삼켜버리는 불꽃으로 타오르는 것을 볼 것이다. 마치 나방이 저항할 수 없는 촛불에 삼켜지듯이. 그리고 바로 이 사랑이 우리가 창조된 목적 가운데 하나를 충족시킨다는 사실을 알게 될 것이다.

서쪽 전망대에서 남쪽을 향해 거기서 몸과 마음을 단련하느라고 노력하는 자신을 바라볼 때 우리는 네 방향을 돌아가며 얻는 교훈과 선물이 결국 조물주의 위대한 목적을 이루기 위한 것임을 깨닫는다. 모든 사람이 (날마다 조금씩) 자기 자신을 완전한 사람으로 성숙시키고자 애쓰는, 그것이 바로 조물주의 목적이다.

그리고 그때 우리는 독수리 형제가 높이 떠 있는 동쪽 지평 위를 바라볼 것이다. 사람들을 섬길 만반의 준비가 되어 있고, 함께 주술 바퀴를 따라 여행할 수 있도록, 그래서 그들의 문명이 성숙하고 융성할 수 있도록, 도와줄 준비가 되어 있는 그(독수리)를 보게 될 것이다. 그때 우리는 그가 하는 일을 우리도 각자 자기 방식으로 해야 한다는 사실을 깨닫는다. 그것이 조물주의 목적이기 때문이다.

여행자가 서쪽에서 얻을 수 있는 선물은 이밖에도 많이 있다. 금식, 의전儀典, 선명한 자기 이해, 멀리 내다보는 전망이 그것들이다. 모두가 중요한 선물이지만, 전망vision이라는 선물은 특별히 중요하다.

우리가 필요한 여정을 모두 마쳤을 때 어떤 존재로 되어 있을 것인지, 모든 사람이 어떻게 바뀌어 있을 것인지를 내면의 눈으로 바라볼 수 있는 능력은, 햇빛과 비가 식물의 성장에 없어서는 안 되는 것처럼 인간의 성숙을 위해 없어서는 안 되는 요소다. 사람이란 각자 자신의 결단을 통해 성장하고 성숙하게 되어 있기 때문이다. 그러므로 우리는 어떤 이상과 목표를 세우고 그것을 내다보아야 한다. 그러지 않으면 무엇을 어떻게 해야 할지 알 수 없게 된다. 그리고 우리의 내다봄은 진실한 것이어야 한다. 도저히 될 수 없는 어떤 존재가 되리라고 헛된 전망을 품는 사람들이 많이 있다. 그런 사람들은 현재 자신의 처지에서 벗어날 수 있는 어떤 가능성도 찾지 못하고, 그래서 더 이상 아무 노력도 하지 않고, 마침내 주술 바퀴를 따라 도는 여행 자체를 포기하고 만다.

.

남쪽의 젊음에 머무를 때 가슴을 두근거리게 하는 목표와
이상을 품게 되는데, 그것들은 바람직한 목표, 바람직한 이
상일 수도 있고, 그렇지 않을 수도 있다.

서쪽의 상징적 스승들한테서 배우는 내적·영적 전망은
우리의 이상과 목표와 그것을 이루기 위한 행동이 과연 우리
로 하여금 참사람으로 성숙하게 할 것인지 아닌지를 판단하
는 데 도움이 된다.

북쪽, 산은 높아지고 지혜는 깊어지는 곳

북쪽은 겨울이 있는 곳이다. 흰눈은 노인의 백발을 생각나게 한다. 북쪽은 참된 지혜의 새벽이 밝아오는 곳이다. 이곳에 큰 산과 성스러운 호수로 상징되는, 지성知性의 선물을 주는 스승들이 거한다. 주술 바퀴 북쪽으로 여행하는 여행자들을 기다리는 특별한 선물 가운데는,

생각하고

종합하고

추론하고

예측하고

분간하고

문제를 풀고

상상하고

분석하고

이해하고

계산하고

조직하고

비판하고

기억하고

숨겨진 의미를 찾아내는

능력들이 포함되어 있다.

이런 능력들을 개발하기 위하여 여행자가 할 수 있는 일은 많이 있다. 첫 번째 단계는, 누구나 그것들을 지닐 수 있다는 사실을 깨달아 아는 것이다. 그러나 그것들을 손에 넣는 방식이나 그것들을 발휘하는 방식은 사람마다 조금씩 다를 것이다.

　　달리기 선수가 놀라운 지구력과 스피드를 갖출 때까지 몸을 훈련하듯이, 마음 또한 고도로 성숙된 도구가 될 때까지 수련받을 수 있다.

훈련을 받기 시작한 전사戰士가 며칠 동안 먹지도 못하고 장거리를 달려야 하는 혹독한 과정 끝에 거의 탈진하듯이, 북쪽이 주는 선물들을 얻으려는 여행자는 (특히 처음 시작할 때) 주어진 과제가 너무 커서 감당할 수 없다는 생각을 자주 하게 되고, 배우는 데 필요한 최소한의 능력도 자기에게 없는 것 같다는 느낌을 갖기도 한다.

그래도 주술 바퀴의 위대한 교훈 가운데 하나가, 모든 사람이 네 방향의 선물을 얻을 수 있다는 것이다. 물론 많은 선물이 저절로 오거나 쉽게 오는 것은 아니다. 때로는 단호한 결단이 요구되고, 오랜 기간 날마다 많은 노력을 기울여야 한다.

큰 산은 북쪽의 (상징적) 스승 가운데 하나다. 높이 올라갈수록 경사는 가파르고 길은 더욱 험해진다. 그렇지만 높이 올라갈수록 더 많은 것이 눈에 들어오고
몸과 마음은 더욱 강해진다.

기억이라는 선물에 대하여, 그것이 어떻게 개발되는지 생각해 보자. 우리는 '빈곤한 기억력'을 지니고 태어나지 않는다. 태어날 때부터 우리는 동시에 네다섯 언어를 배우고 기억할 수 있는 능력을 지녔고, 듣고 본 것을 그것이 아무리 복잡해도 정확하게 반복할 수 있는 능력을 지녔다. 아이들이 세 살이나 네 살만 되어도 자기가 속한 공동체의 모든 말을 거의 다 하고 있는 것이 그 증거다. 당신이 만일 중국에 태어났다면 지금 당신은 유창한 중국말을 막힘 없이 구사할 것이다. 그런데 여러 가지 이유로 당신은 조물주가 당신에게 준 놀라운 기억 능력을 모두 활용하지 않기로 했다.

만일 당신이 타고난 능력을 십분 활용한다면 학교나 사회에서 읽고 듣고 생각한 것을 거의 모두 자세하게 되살려낼 수 있을 것이다. 특별한 훈련을 받으면 당신도 놀라운 기억력을 발휘하여 어딜 가든지 천재라는 말을 들을 수 있다. 예컨대 테이블 위에 30∼50가지 물건을 늘어놓고 그것들을 눈여겨본 다음, 몇 시간 또는 며칠쯤 뒤에 그 이름과 위치를 정확히 기억해 내는 것이다.

이것뿐 아니라 다른 여러 능력을 모든 사람이 처음부터 받아 가지고 태어난다. 우리는 북쪽으로 가서 애쓰고 노력해야 한다. 값을 내지 않고서는 아무것도 얻을 수 없기 때문이다.

완성

북쪽은 또한 완성과 실현이 이루어지는 방향이기도 하다. 여기서 여행자는 모든 것을 끝내야 한다는 교훈을 얻는다.

까마득한 전망으로 시작한 일을 마무리하는 방법을 배움으로써 우리의 의지력은 꼭지점에 이른다. 자기가 시작한 일을 잘 마무리하는 능력은 행복한 인생을 위해서 매우 중요한 능력이다. 이것이 의지력을 계발하는 과정에서 얻는 마지막 교훈이다.

우리는 서쪽에 거주하는 스승들로부터, 목표 지점에 가까이 갈수록 여행이 더욱 어려워진다는 가르침을 얻었다. 힘들게 애써야 하는 우리를 돕기 위해서 조물주는 불굴의 인내라는 선물을 주셨다. 그러나 그 인내라는 것도, 목표 지점이 가까이 다가왔고 마침내 거기에 이르게 된다는 확신(분명한 지식)이 없으면 흔들리게 마련이다.

초연함

완성의 때가 참으로 가까이 왔는지 아닌지를 판단하는 데 필요한 지식과 지혜는 초연함(집착하지 아니함)이라는 문을 통해서 얻게 된다. 초연함은 여행자로 하여금 과거, 현재, 미래를 하나로 볼 수 있게 해준다.

초연하다는 것은 미움, 질투, 욕망, 분노, 두려움에서 벗어나 자유롭다는 뜻이다. 모든 것을, 자기가 가장 사랑하는 것까지도, 철저히 놓아버린다to let go는 뜻이다. 그것은 또한 여행에서 얻은 모든 지식을 뒤에 남겨둔다는 뜻이기도 하다. 지식 자체가 큰 산의 정상 또는 성스러운 호수 기슭으로 가까이 가는 데 무거운 짐일 수 있기 때문이다.

무엇(지식이나 사랑 또는 미움 따위)을 놓아버리는 것은 그것을 던져버리는 것to throw away이 아니다. 그것의 그늘 밖으로 나아가, 그것이 다른 빛에서 보일 수 있게 하는 것이다.

쉬운 일은 아니다. 그러나 우리가 진실한 것이라고 믿는 어떤 사물로부터, 또는 우리의 두려움, 분노, 질투, 미움으로부터, 심지어는 어떤 사람을 향한 우리의 사랑으로부터 일정 거리를 두고 떨어지는 법을 배우는 일은 대단히 중요하다. 이 모든 것이 우리를 지배하여 깨끗하게 생각하는 것을 가로막을 수 있기 때문이다.

불안, 분노, 질투, 미움, 두려움은 사람의 지성을 완전히 몽롱하게 만들 수 있다. 지혜로운 스승들은 독 있는 뱀을 피하듯이 그것들을 피하라고 말한다. 사랑도, 이성으로 적절하게 균형 잡히지 않을 경우, 사물을 밝히 보지 못하게 할 수 있다.

자신의 강한 느낌과 생각으로부터 거리를 두고 떨어져 있는 기술을 습득하려면, 주술 바퀴 중심에서 자기 자신을 보는 법을 배워야 한다. 그 중심에 설 때 우리는 우리가 다른 모든 것과 얼마나 긴밀하게 연결되어 있는지를 볼 수 있다. 자기가 참으로 작은 존재지만, 헤아릴 수 없을 만큼 큰 과정의 무한히 신성한 부분이라는 사실을 아울러 경험하게 된다.

그 균형 잡힌 중심에 거할 때 우리는 자신의 강한 느낌이나 생각들에 휘둘리지 않을 수 있다. 이 성스러운 중심에서 우리가 어떤 행동을 취하든 그것은, 스스로 그렇게 결심했기 때문에 하는 행동이요, 그렇게 하는 것이 좋기 때문에 하는 행동이다.

이런 식으로 자신을 바라볼 때 우리는 초연함이 주는 첫 번째 교훈을 배우게 된다. 우리 몸은 우리가 아니라는 것, 우리 생각도 우리가 아니라는 것, 우리의 느낌이나 통찰도 우리가 아니라는 것이 그것이다. 우리는 그것들보다 좀더 깊고 넓은 무엇이다. 속에 생각이 있고 통찰이 있는 존재다. 느끼고 아는 존재다. 우리는 자신의 느낌과 생각과 통찰을 관찰할 수 있고, 그래서 그것들이 성스러운 호수의 거울에 비친 영상들임을 알 수 있다.

초연함의 처음 시작은 사랑의 불길 안에서 배우고, 초연함의 마지막 마무리는 성스러운 호수 기슭, 그 침묵의 순간에 배운다. 그 다음은 말로 할 수 없다.

마지막 선물

　네 방향 가운데 어느 한 방향에서 얻게 되는 선물들에 흠뻑 빠져서 남은 여정을 잊고 자기 가슴을 사로잡은 스승들과 함께 그 한 방향에 영원히 머물고 싶어할 가능성이 모든 여행자에게 있다.

　예를 들어 북쪽이 주는 탁월한 지적 선물을 받은 여행자가 다른 것을 더 배울 필요가 없다고 생각하는 것이다. 이렇게, 어느 한 방향에 영원히 머물고자 하는 것은 매우 위험한 일이다. 우리가 참으로 거해야 할 처소는 우주의 중심에 있고, 우리는 언제나 그리로 돌아가야만 한다. 그곳이 우리의 고향이기 때문이다.

네 방향 가운데 어느 한 방향에서 필요한 모든 선물을 다 받았다고 생각되어 나머지 여행을 포기하는 사람은 큰 상처를 입을 수 있다. 그렇게 함으로써 자신의 참자아가 누릴 많은 양의 몫을 지레 포기하기도 하지만, 균형을 잃어 자신에게 치명적인 상처를 입히기도 하는 것이다.

다른 방향들이 주는 선물을 거절하고 북쪽에만 언제까지나 머물고자 하는 사람은 자기 중심에서 오는 따스함을 차단함으로써 겨울 얼음처럼 찬 냉정함에 사로잡힐 수 있다.

　　실로 각 방향이 주는 선물은 서로 어우러져 균형을 이룬다. 독수리의 용감성은 버드나무의 유연함과 거북이의 신중함으로 균형을 이룬다. 남쪽의 이상주의는 북쪽에서 배우는 지혜와 명석한 사고로 균형을 이룬다.

북쪽에서 얻는 마지막 교훈은 균형이다. 지혜는 우리에게 모든 사물이 어떻게 서로 긴밀히 연결되어 있는지를 가르쳐 준다. 사람과 사람 사이의 얽힌 관계에서 균형이 이루어질 때 우리는 그것을 정의라고 부른다. 정의는 북쪽이 주는 가장 큰 선물이다. 정의의 도움을 받아 여행자는 모든 사물의 참모습을 있는 그대로 볼 수 있다. 그것 없이는 세상사에 평화와 안전이 있을 수 없다.

북쪽에 설 때 우리는 남쪽을 향하여 거기서 부드러운 사랑 노래를 부르고 있는 우리 자신을 보게 된다. 그리고 안다는 것과 이해한다는 것이 머리로만 하는 일이 아니고 가슴으로도 하는 일임을 깨닫는다. 또 우리는 동쪽을 향하여 거기서 미지의 것들이 있는 서쪽 지평을 내다보며 아직 눈에 보이지 않는 것을 믿는, 아름다운 생쥐 누이를 보게 된다. 그때, 모든 지혜로운 어른들이 알아낸 것보다 더 많은 것이 아직 알려지지 않았음을 깨닫고 겸손히 고개를 숙인다.

모든 결말의 신비가 새로운 시작의 탄생에서 발견된다. 네 방향을 따라 도는 여행에는 끝이 없다. 인간의 계발과 성숙에는 경계가 없다. 주술 바퀴는 영원히 돌고 돈다.

네 방향이 주는 선물들

동쪽

· 빛

· 시작

· 갱신

· 결백

· 솔직

· 천연스러움

· 기쁨

· 보이지 않는 것을 믿는 능력

· 영의 따스함

· 순수성

· 희망

· 남을 비판하지 않고 받아들임

· 남을 문제삼지 않는 무심한 사랑

· 용기

· 믿음직스러움

· 태어남

· 다시 태어남

· 어린아이다움

· 밝음

· 안내

· 리더십

· 아름다운 말솜씨

· 부드러움

· 복잡한 상황을 밝게 꿰뚫어보는 능력

· 대상에 걸리지 않고 그 너머를 보는 능력

· 남들을 안내함

· 상황을 전체적으로 보는 능력

· 사람들에게 희망을 둠

· 자신의 전망을 신뢰함

· 지금 여기에서 할 일에 집중하는 능력

· 남 섬기는 일에 몸바침

남쪽

· 젊음

· 충만

· 여름

· 가슴

· 너그러움

· 남의 감정에 민감함

· 충성

· 고귀한 열정

· (사람과 사람 사이의) 사랑

· 육체의 균형 잡힌 성장

· 육체적 단련

· 성욕과 식욕 통제

· 결단

· 목표 설정

· 보고 듣고 맛보는 감각 훈련

· 음악성 계발

· 우아함

· 예술품 감상

· 분별 능력

· 세상사에 열정적으로 참여함

· 이상주의

· 선에 대한 감정적 이끌림과 악에 대한 감정적 돌아섬

· 자비

· 친절

· 불의에 대한 분노

· 폭력에 대한 거절

· 세련되고 성숙된 감정들

· 자신의 나쁜 감정들을 표현하는 능력

· 자신의 좋은 감정들을 표현하는 능력

· 남을 섬기기 위해 자신의 강한 느낌들을 젖혀두는 능력

서쪽

· 어둠

· 미지 未知

· 내면으로 들어가기

- 꿈

- 깊은 속생각

- 의지를 시험함

- 참을성

- 끈기

- 개인의 능력을 통합하기

- 힘을 조절함

- 영적 통찰

- 매일 기도

- 명상

- 금식

- 성찰(반성)

- 묵상

- 침묵

- 홀로 있기

- 어르신 공경

- 다른 사람의 마음 수련을 존중함

- 다른 사람의 신념을 존중함

- 자신의 영적 바탕을 깨침

· 희생

· 겸손

· 조물주를 사랑함

· 인격 성장 과정에 자기를 내어맡김

· 우주적 생명 가치와 높은 윤리 규범에 자기를 내어맡김

· 인간의 성숙을 돕기 위한 노력에 자기를 내어맡김

· 의전儀典

· 분명한 자기 이해

· 내다봄(가능성과 잠재력을 보는 눈)

북쪽

· 어르신들

· 지혜

· 생각함

· 분석

· 이해함

· 사색

· 추리

· 예견

· 조직

· 분류

· 분별

· 비판

· 문제 해결

· 상상 想像

· 해석

· 모든 지적 능력을 통합함

· 완성

· 실현

· 모든 사물에 끝이 있다는 교훈

· 시작한 것을 마무리짓는 능력

· 초연함

· 불안으로부터 자유로움

· 미움으로부터 자유로움

· 애착으로부터 자유로움

· 지식으로부터 자유로움

· 모든 사물이 긴밀하게 연결되어 있음을 보는 능력

· 통찰

· 균형 잡힌 삶을 사는 방법

· 사물들의 중심에 거하며 중도中道를 걷는 능력

· 온건함

· 정의

6. 마지막 선물 한 가지

사물의 참모습에 대한 성스러운 가르침과 네 방향이 주는 선물말고도 '신성한 나무'의 가르침에는, 모든 사람이 진정 행복하고 안녕한 삶을 살고자 한다면 마땅히 준수해야 할 윤리 규범들이 포함되어 있다. 이 규범들은 개인과 개인, 가족과 공동체 사이에서 어떻게 하면 인간 관계가 지혜롭게 이루어질 것인가를 보여준다. 그것들은 세계 각처의 원주민들이 경험을 통해서 닦아놓은 반짝이는 보석들이다. 그것들은 주술 바퀴를 돌면서 큰 산 정상과 신성한 호수 기슭에 도달하는 안전한 길을 가리킨다. 아래에 적은 것은 세계 모든 종족들에게 적용될 가장 중요한 규범들을 요약한 것이다.

1. 매일 아침 자리에서 일어날 때, 매일 저녁 잠들기 전, 너와 다른 모든 중생 안에 있는 생명에 대하여, 조물주께서 너와 다른 모든 중생에게 베푸신 좋은 것들에 대하여, 날마다 조금씩 성장할 수 있는 기회를 주신 데 대하여 감사하여라. 지난날의 네 생각과 행동을 반성하고 더욱 훌륭한 사람이 되기 위하여 필요한 힘과 용기를 구하여라. 모든 사람에게 유익이 될 만한 것들을 구하여라.

2. 존중하여라. 여기서 말하는 '존중' 이란 '어떤 사람이나 사물 앞에서 상대를 귀하게 떠받드는 마음을 품고 그 마음을 표현하는 것, 혹은 어떤 사람이나 사물을 공손하고 존경하는 마음으로 대하는 것' 을 뜻한다. 남을 존중하는 것은 인생의 기본이 되는 법이다.

· 어린 아이로부터 나이 많은 노인에 이르기까지 모든 사람을 항상 존중하는 마음으로 대하여라.

· 어르신들, 어버이, 스승, 그리고 공동체 지도자를 특별히 존중하여라.

· 어떤 사람도 너로 말미암아 능멸당했다는 느낌을 받지 않도록 하여라. 독 있는 뱀을 피하듯이 남에게 상처 주는 일을 피하여라.

· 다른 사람에게 속한 물건(특히, 성스런 물건)을 허락 없이 또는 양해 없이 손대지 말아라.

· 모든 사람의 프라이버시를 존중하여라. 다른 사람의 은밀한 공간이나 침묵의 순간에 들어가지 말아라.

· 이야기하고 있는 두 사람 사이에 끼여들지 말아라.

· 지금 말하고 있는 사람의 말을 끊지 말아라.

· 부드러운 목소리로 말하여라. 특히 어른들이나 낯선 사

람들이 있는 자리에서 그렇게 하여라.

· 어르신들이 모여 있는 곳에서는 말하라고 하기 전에 말하지 말아라.(네가 해야 할 일이 무엇인지 모를 때 여쭙는 것은 예외다.)

· 남에 대하여, 그가 자리에 있든 없든, 좋지 않게 말하지 말아라.

· 땅을 어머니 대하듯이 대하여라. 광물 세계, 식물 세계, 동물 세계를 깊게 존중하여라. 공기나 흙이나 물을 더럽히지 말아라. 누가 네 어머니 땅을 파멸코자 하거든 슬기롭게 일어나 그를 막아라.

· 남의 신념과 종교를 깊게 존중하여라.

· 다른 사람이 하는 말을, 비록 그가 쓸데없는 말을 하고 있다고 생각되더라도 귀기울여 들어라. 가슴으로 들어라.

3. 회의하고 있는 사람들의 지혜를 존중하여라. 회의나 모임에서 일단 의견을 내었으면 그 의견은 더 이상 네 것이 아니다. 그것은 회의에 온 모든 사람들에게 속한 것이다. 다른 사람들의 의견을 존중하여 열심히 듣고, 네 의견이 낫다고 우기지 말아라. 다른 사람들의 의견이 참되고 선하거든, 네 쪽에서 제시한 의견과 다르다 하더라도, 진심으로 그것을 지지하여라. 서로 다른 생각들이 부딪칠 때 진실의 불꽃이 타오른다.

일단 회의에서 어떻게 하기로 결정되었으면 그 결정된 사항을 존중하여 아무도 뒤에서 수군거리거나 반대하는 일이 없도록 하여라. 만일 회의가 잘못되었다면, 언제고 그 잘못이 모든 사람에게 명백히 드러

날 것이다.

4. 언제, 어디서나, 어떤 상황에서나 진실하여라.

5. 손님을 공손히 조심스럽게 대접하여라. 네 집에서 가장 좋은 방에 모시고, 가장 좋은 음식, 가장 좋은 이부자리를 내드려라. 최선을 다하여 손님을 섬겨라.

6. 한 사람의 상처는 모두의 상처요, 한 사람의 영예는 모두의 영예다.

7. 낯선 이들과 국외자들을 인류 가족의 한 식구로서 사랑하는 마음으로 받아들여라.

8. 이 세상 모든 인종과 부족은 한 들판에 피어난 가지각색 꽃들과 같다. 모두가 아름답다. 한 조물주의 자녀들로, 모두가 존중받아 마땅하다.

9. 남을 섬기는 것, 가족과 사회, 나라와 세계에 쓸모 있는 존재가 되는 것은 사람이 사람으로 창조된 주목적 가운데 하나다. 너 자신을 네 문제들로만 가득 채우느라고 너에게 주어진 중요한 과제를 잊는 일이 없도록 하여라. 참된 행복은 다른 사람들을 섬기는 일에 자기를 모두 바친 사람에게만 온다.

10. 중용을 지켜 모든 일에 균형을 잡아라.

11. 너를 행복과 안녕으로 이끄는 것들과 너를 파멸로 이끄는 것들을 알아보아라.

12. 네 가슴에 주어지는 안내자의 말에 귀기울이고 그를 따라라. 너를 이끌어주는 안내자의 말은 기도, 꿈, 혼자 있는 고요한 시간, 현자들과 친구들의 말이나 행위를 통해 여러 모양으로 네 가슴을 두드린다.

가르침은 영원히 계속된다

'신성한 나무'의 가르침을 받는 것은 영원히 계속되는 여정이다. 다른 모든 여정이 그렇듯이 '신성한 나무'의 가르침을 받는 여정에도 움직일 때가 있고 쉴 때가 있다.

'위대한 영the Great Spirit'께서 당신들 모두에게 복을 베푸시어 아름다움, 진실, 사랑, 지혜 그리고 정의를 향해 나아가는 발걸음 하나하나를 몸소 이끌어주시고, 그리하여 우리와 함께 '신성한 나무'의 더 깊고 넓은 가르침을 찾아나서게 되기를 간절히 기도한다.

샨티의 책은 후원회원들의 도움으로 만들어집니다. 이 책을 만들 수 있도록 후원해 주신 이슬, 이원태, 최은숙, 노을이, 김인식, 은비, 여랑, 한혜론, 윤해석, 하성주, 산나무, 장원, 일부, 김명중, 박은미, 정진용, 최미희, 최종규, 박태웅, 송숙희, 황안나 님께 감사드립니다.

샨티는 '몸과 마음과 영혼의 평화를 위한 책'을 내고자 합니다. 샨티의 책들을 좋아하고 샨티가 계속해서 그 설립 취지에 맞는 책을 낼 수 있도록 도움 주실 분들은 후원회원으로 가입해 주십시오. 후원회원제도에 관한 안내는 전화나 이메일로 문의하시면 자세히 안내해 드리겠습니다.

후원회원이 아니더라도 shanti@shantibooks.com으로 이름과 이메일, 전화번호, 주소를 보내주시면 독자회원으로 등록되어 신간과 각종 행사 안내를 이메일로 받아보실 수 있습니다.